现代学前教育系列教材

幼儿教育研究概览

主　编：陈伙平
副主编：王　凤　杨雯珺
编　者：林锦秀　吴振东
严碧芳　曾广林
李　涛　林　宇
任建龙　缪剑峰
王　芸　王淑勤

海峡出版发行集团 | 福建科学技术出版社
THE STRAITS PUBLISHING & DISTRIBUTING GROUP | FUJIAN SCIENCE & TECHNOLOGY PUBLISHING HOUSE

图书在版编目（CIP）数据

幼儿教育研究概览 / 陈伙平主编 .—福州：福建科学技术出版社，2013.9（2022.9 重印）
（现代学前教育系列教材）
ISBN 978-7-5335-4330-3

Ⅰ.①幼… Ⅱ.①陈… Ⅲ.①幼儿教育学－幼教人员－教材 Ⅳ.① G610

中国版本图书馆 CIP 数据核字（2013）第 170723 号

书　　名　幼儿教育研究概览
　　　　　现代学前教育系列教材
主　　编　陈伙平
出版发行　海峡出版发行集团
　　　　　福建科学技术出版社
社　　址　福州市东水路 76 号（邮编 350001）
网　　址　www.fjstp.com
经　　销　福建新华发行（集团）有限责任公司
印　　刷　福建省金盾彩色印刷有限公司
开　　本　787 毫米 ×1092 毫米　1/16
印　　张　9
图　　文　144 码
印　　次　2022 年 9 月第 1 版第 6 次印刷
书　　号　ISBN 978-7-5335-4330-3
定　　价　19.80 元

前 言

当下，随着社会的进步，教育的深化改革，我国幼儿教育已进入新的历史发展阶段，幼儿教育理论无论是数量还是质量都获得了空前的发展和提升。幼儿教育的迅猛发展对幼儿教育理论工作者和实际工作者提出了更新、更高的要求。它不仅要求幼儿教师拥有更高的学历、更丰富的实践经验、更充满活力的工作激情，而且要求其走向专业成熟，促进自己成长为一名现代化“研究型”的教师。

相对于“教书匠”的经验型教师，研究型教师有较高的研究意识与能力，有自主自觉的研究行为。在教育实践中，研究型教师往往以研究者的身份审视幼儿教育现象，审视孩子，审视自己的教育教学行为。尤其是，研究型教师在学习、工作中遇到不可避免的各种各样问题的时候，不是去文本中寻找答案，因为他知道，文本答案是他人研究的结论，他人研究的结论一般是基于研究的两种情境导出的：其一，把特定的问题提高到一般层面进行分析，分析时不指向具体的教育情境；其二，指向特定的情境分析具体的问题，但该情境有独特性，与每一位教师产生同样问题的情境可能存在差异。因此，文本答案只能参考，只能借鉴，不能原搬照抄。要正确认识并有效解决问题，教师应该亲自去研究，通过研究寻找认识与解决问题的有效途径。因此，为了帮助教师与准教师真正成为研究者，知道“为什么研究、研究什么、怎么研究”，我们组织编写了本书。

本书以《幼儿园教师专业标准（试行）》为指导思想，以创新性、科学性、理论性、针对性和可操作性为编写原则，紧扣幼儿教育研究基本原理，联系实际加以阐述，力求体现以下几个方面的特点：第一，系统阐述幼儿教育研究的基本理论、研究程序设计、方法运用、资料整理与分析的要点，既保证知识结构的完整性，又突出重点；第二，联系幼儿教育实际，尽量结合幼儿教育研究范例论述，做到既有理论又有实践，既有案例又有分析，理论为实践服务，案例为操作服务，使读者学了有所联想，有所感悟，学了能用，用了有效；第三，出于“知道才会有趣，理解才有价值”的考虑，内容表述做到通俗简洁，深入浅出，避免因抽象、空洞而导致枯燥无味；第四，为使读者更好地掌握各章节要点，每章设计了教学目标与思考题，体现教学的基本要求。本书是一本关于幼儿教育研究方法与原理的读物，也是一本教材，适用于师范院校幼儿教育专业，也可作幼儿教育工作者在职培训和自学之用。

本书由福建师范大学教育学院教授陈伙平主编，由福建师范大学教育学院学前专业高年级硕士研究生王凤、杨雯珺担任副主编。本书第一章由林锦秀撰写，第二章由杨雯珺、王凤、陈伙平撰写，第三章由吴振东、严碧芳撰写，第四章由曾广林撰写，第五章由李涛撰写，第六章由林宇撰写，第七章由吴振东、任建龙撰写，第八章由缪剑峰、王凤、陈伙平撰写，第九章由王芸、王淑勤、陈伙平撰写，第十章由陈伙平撰写。全书由陈伙平负责统稿。

“如果能看得更远些，那是因为站在巨人的肩膀上”。为体现优质教材应有的品质，呈现优质教材应有的面貌，在编写过程中，我们广泛参阅并理性借鉴国内外学者的研究成果，在此向文献作者表示衷心感谢。

由于我们水平有限，书中不足之处在所难免，敬请广大读者批评指正。

编 者

2013 年 2 月

目 录

第一章　研究原理

教学目标

1. 掌握幼儿教育科学研究的基本概念和基本过程；
2. 掌握幼儿教育科学研究的基本原则；
3. 了解幼儿教育科学研究的重要意义与任务；
4. 了解幼儿教育科学研究的类型。

第一节　幼儿教育科学研究的基本理论

随着我国幼儿教育事业的不断发展，对幼儿教育各项工作科学研究的重要性日益凸显，通过科研促进幼儿教育事业的发展已成为全社会的共识。但只认识到幼儿教育科研工作的重要性还远远不够，更为重要的是还必须掌握科研的正确方法，掌握合乎规范的研究程序，主动地、深入地对幼儿教育中出现的各种现象和规律进行研究与探讨，认识其本质规律，解决幼儿教育工作中出现的各种问题，提高教育质量。本节主要讲述科学、科学研究与幼儿教育科学研究的一些基本知识。

一、科学

科学是运用范畴、定理、定律等思维形式反映现实世界各种现象的本质和规律的知识体系，是人类认识世界的成果。

科学是当代人们使用最普遍的，同时又是理解很不一致的一个概念。比如，有人仅把自然科学称为科学，有人将所有的好的正确的事物都归为科学，有的则将科学与技术等同起来等等。要较完整地把握科学的含义，可以从三个维度加以展开。

1. 科学——知识体系论

科学是通过逻辑性、实证性的研究而获得的对客观事物的正确认识的系统化知识体系。科学知识既可以是实证研究的产物，也可以是逻辑思辨的结果，但它们都必须是可以由实践检验，或者是在逻辑上有检验的可能。有些命题，譬如“如果不控制原子武器，就会导致地球上生命的灭亡”，虽然不能直接付诸检验，但是我们可以从它们具有的清晰逻辑性中推演出能够用经验或实验来加以验证的“检验蕴涵”。同时也应清楚指出的是，科学知识的真理性也只能是相对的。在任何一门学科中，都不存在绝对正确的知识，科学总是在不断否定自我和修正自我的过程中得到发展。

2. 科学——探索活动论

科学是对客观世界的规律不断认识的过程。科学本质是一种探索活动。知识并不是科学，而是科学的产物。科学不在于已认识的真理，而在于探索真理。

3. 科学——信念论

科学是人们在认识世界和改造世界时所把持的一种态度，所具有的一种精神，即追求真理、实事求是。

二、科学研究

科学研究是人们有意识、有目的、有计划、有系统地采用严密科学的方法，探索自然界、人类社会变化及其规律的过程。一切科学研究活动都是一种创造性的活动，是在前人研究成果的基础上，经过收集有关研究对象的事实资料和对事实资料的分析、综合、比较、抽象和概括，发现或解决前人未发现或未解决的问题，揭示和发现至今尚未掌握的知识和规律，建立有关事物的新理论。科学研究作为人们探索真理的一种创造性的活动，它与人类其他活动相比，具有四个方面的本质特征：

1. 客观性

科学研究要客观地反映客观事物的本质，不能带有任何主观臆想，这主要表现为资料来源于客观（资料来自于研究对象的实际情况）、研究过程客观（严格地按研究方案实施，对研究的记录要如实、全面、不能任意更改）、研究结果客观（研究结果要尊重事实，不能随意夸大，主观臆断）。

2. 创造性

科学研究是一项开拓性的活动，研究的价值就在于创新，如果只是简单地重复别人的劳动，研究结果没有新的发现将是毫无价值的。

3. 系统性

科学研究的系统性表现在研究的方法是系统的。研究通常是以一个明确的问题开始，直到结论的获得为止。每一个问题的研究都要按照一定的步骤有秩序地进行。此外在科学研究过程中，对课题的选择、研究对象的选取、变量的处理、测量工具的选择、资料的收集整理与分析以及研究报告的撰写等均有详细的程序。按照这些程序进行研究活动，也是科学研究系统性特征的一种表现。

4. 继承性

科学研究虽然探求的是新的问题，但它必须在前人或他人研究的基础上进行。即使是那些填补空白的科研项目，也离不开对前人或他人的理论、方法、资料的借鉴、综合加工，没有前人或他人的科研成果，不可能产生新的科学结论。

三、幼儿教育科学研究

幼儿教育科学研究属于科学研究的范围。它是指采用科学的方法，对幼儿教育理论与实践中的问题、现象或事实进行了解、收集、整理、分析，从而认识幼儿教育现象的本质和规律的一种创造性的认识活动。

1. 幼儿教育科学研究的特征

作为教育这一特殊领域的科学研究活动，幼儿教育科学研究既有科学研究活动的一般特征，同时，又有其特定的一些特性。

（1）研究问题的复杂性。幼儿教育科学研究是以幼儿教育中遇到的现象和问题作为研究对象的。作为社会大系统中的一个子系统，它与其他社会系统如经济、文化、政治、科学、技术等有着十分广泛的联系，在幼儿教育科学研究中不可避免地受到各种外部因素的影响。例如，探讨母亲的耐心程度对幼儿问题行为的影响，就要考虑到幼儿问题行为的产生不是由单一的因素决定的。事实上，幼儿的行为受到诸如家庭结构、家庭经济条件、亲子关系、同伴关系、先天遗传素质以及社区环境等诸多因素的影响。

另外，幼儿教育的对象是身心尚未发展成熟的幼儿，幼儿教育活动中出现的一些现象是与他们的生理、心理发展密切相关的，这给幼儿教育科学研究增加了很大的难度。因此，进行幼儿教育科学研究必须要从多方面、多层次并且综合地加以研究，要充分考虑到诸多因素对幼儿教育科学研究的可能影响。

（2）研究方式的人文性。幼儿教育科学研究所涉及的是身心尚在发展阶段的幼儿，研究的目的是为了使教育更符合幼儿身心发展的规律，更好地促进幼儿的发展。进行幼儿教育科学研究一定要遵循人道主义精神，不能妨碍或有害于幼儿的健康发展。例如，研究不同的家庭教育方式对幼儿个性形成的影响，就不能专门设计一组家长进行放任型教育；而研究“体罚对幼儿亲社会行为发展的不良影响”，专门对一些幼儿施予体罚，那是惨无人道的。因此幼儿教育科学研究要遵循伦理性的基本要求。

（3）研究取向的情境性。幼儿教育科学研究有时只能研究其中的某一现象或某些现象，但我们不能而且也不可能把某一现象从整个教育实践情景中分离出来。幼儿教育科学研究很难像自然科学研究那样在实验室进行研究，即使是控制比较严格的教育实验也带有准实验的特点，即在教育实践的具体情景中对变量进行非完全控制，否则就会影响其研究结果的应用和推广价值。

另外，对于幼儿教育科学研究者来讲，要在研究过程中像自然科学研究者那样保持一种客观的、超然的态度，是有很大的困难，甚至是不大可能的。因为在幼儿教育科学研究中，研究的主体与研究的对象同是人，人与人之间是具有精神的共通性，人与人之间是可以实现双向交流与互动，研究者可以运用他的直觉力与洞察力，特别可以直接运用他自己关于生命的体验去理解研究对象。比如，同是对幼儿的游戏活动进行研究，不同的研究者分析问题的情景不同，得出的结论可能就存在差异。

2. 幼儿教育科学研究的类型

幼儿教育科学研究的内容、方式、方法、对象范围不同，分类也不同。

（1）横向研究和纵向研究。横向研究是指在一个特定时间对不同年龄的不同个体同时进行测验或调查。如要研究1～6岁儿童词汇量的发展，我们就可以分别抽取1～6岁儿童若干作为样组，在同一时间内分别进行测定，求出各种年龄组的平均值加以比较，以探讨1～6岁儿童词汇量发展的一般趋势。它最大的优点是节省时间和费用，能在短时间内收集到大量的资料，选定样本也比较容易。

横向研究的弱点是要选择各方面条件都完全相同的被试，这几乎是不可能的，被试之间与年龄有关的差别，事实上可能是组与组之间的假差别。比如说在上述的1～6岁儿童语言发展的横向研究中，6岁组儿童的词汇量并没有比5岁组儿童的词汇量多，但不能就此做出5～6岁儿童的词汇量没有增加的结论。因为这很可能是由于两组儿童分别来自不同背景的家庭，来自农村家庭的6岁儿童由于文化背景贫乏，他们的词汇量比城市的5岁儿童来得少是很正常的，而这种差别肯定与年龄的增长无关。

纵向研究是指在某一阶段内对相同的个体在不同的时期做定期和重复的测验或调查。有时只有对儿童成长进程中的身心变化进行连续的观察、测量和记录，才能了解某一特性发展的连续过程。比如伯克莱就曾对2～18岁样本的智力进行追踪研究，结果发现个人的智商是会发生变化的，个人智商变化最大的可以相差50～60分点之多，60%的儿童智商变动在15分点以上。

纵向研究选择的样本人数可根据研究的需要来决定，每次测验的时间间隔也可以根据研究的需要而有所不同，可以在几天、几周、几年或更长的时间重测，研究的全程短则一年，最长的可达一生。

纵向研究是早期教育研究中的主要方法。如提德曼、霍尔、裴斯泰洛齐等都以传记的形式对自己的孩子做过几年的观察研究。其后由于横向研究法的兴起，逐渐取代了纵向研究法。但在探讨某些教育问题时，如早期经验对儿童以后行为发展的影响，纵向研究的方法依然是主要的方法。另外，纵向研究法也适用于对一些特殊群体儿童的研究，如神童或孪生子的教育。

纵向研究最大的优点是通过对同一儿童不同阶段的测验与测量能够深入细致地认识个体身心的发展进程与教育的关系。但纵向研究也存在着一些缺点，如费用昂贵，研究持续的时间过长，保持样本的恒定性困难等。为了克服这些局限，研究者提出了将横向研究和纵向研究相结合的交叉设计，即在横向研究的基础上再进行追踪研究，这样可以在较短的时间内获得较长年龄范围的资料。如研究3～18岁样本智力的变化发展趋势，用纵向研究法需要十几年时间，用横向研究法又无法了解个体智力发展的连续的变化过程，而用交叉设计把儿童分成两组，第一组在3岁时首次接受测试，9岁时最后一次接受测试，第二组在9岁时首次接受测试，18岁时最后一次接受测试。这样既可以得到不同年龄阶段个体智力发展的年龄特征，又可以仔细地了解个体智力发展的连续性，同时又节约了研究时间。

(2) 个案研究和组群研究。个案研究是对少数或个别儿童的系统研究。如我国著名的教育家陈鹤琴就曾经用照片和文字，对他自己的孩子做了808天的追踪调查，全方位地记录了儿子从呱呱坠地的那一刻起的各种举动，包括表情、动作、排便等细节。当前个案研究通常是针对具有某一方面特殊情况的儿童如对超常儿童、孪生子、特殊才能儿童、残障儿童等进行的。个案研究观察细致、记述比较系统，往往能够得到第一手资料，我们可以在这些资料的基础上，运用各种研究方法取得更加丰富的成果。

但由于个案研究没有可供比较的个体或小组，如一个6岁的女孩可以背诵很多诗词，但她的聪明才智高出常人多少呢？如果我们仅以自己的孩子做出比较，显然是没有意义的。其次，由于个案研究的人数太少，得到的资料不一定有代表性，其研究结果不能普遍适用。

组群研究是将同一性质的被试结合在一起作为一个群体的样组进行研究。比如"近20年来中国3～6岁幼儿身体发育状况的调查"，"福建省农村3～6岁女童入园现状的调查"等都属于组群研究。组群研究一般是在一定的总体中抽取一定数量的样本，然后再对这些样本进行分析研究。

抽取样本是组群研究重要的环节之一，样本的代表性和随机性直接影响到组群研究的结果。但有时完全靠随机并不能保证它的代表性，这时我们就必须考虑可能影响研究的所有变量，比如我们想研究幼儿攻击性行为的特点，就应当考虑到幼儿的性别、同伴关系、家庭经济水平、家长的职业、居住地环境等对幼儿攻击性行为的影响。此时采用分类抽样比较妥当。

（3）整体研究和分析研究。整体研究又叫做系统研究，就是将幼儿的心理发展与教育作为一个整体结构来研究，探讨幼儿一定发展阶段的整体精神面貌。例如，关于幼小衔接问题的研究，就是属于整体研究。这种研究强调幼儿心理发展的整体性，同时也强调对影响幼儿心理发展的环境、遗传、活动、语言等因素的研究。

分析研究是把某一心理过程或特性从整体中抽取出来单独加以考察。例如研究幼儿思维发展的特点，我们可以分别从概念、推理、判断等方面入手做研究，甚至可以再作进一步的细致研究，如在推理方面，可以从幼儿掌握演绎推理、归纳推理、类比推理等方面研究思维的发展特点。这种研究一般比较细致、深入。

整体研究和分析研究的划分是相对的。整体研究是在分析研究的基础上进行系统概括后进行的，分析研究也应是在整体研究的指导下进行的。某一个整体研究可能是几项分析研究的概括，同样，某一分析研究也可能是某一整体研究的开始，整体研究和分析研究是相辅相成的。

（4）血缘关系研究和跨文化研究。血缘关系研究是指通过人们之间血缘的亲疏关系来分析某种特征发生的频率或一致性程度，从而探讨遗传因子和环境对此特征所产生的作用大小。如孪生子心理发展特点与教育的研究就属于这种性质的研究。

遗传与环境都会对儿童的心理发展发生作用，但通过直接操纵遗传或改变环境影响的方法来研究儿童心理较难实现，所以，利用现成的血缘关系进行调查分析就成为经常使用的研究手段。随着当代基因科学的发展，通过血缘关系研究判断某种特征出现的频率及其原因正越来越受到人们的重视，中国由于人口众多，代际间距短，传统上以家族为中心聚居在一起，这些都为血缘关系研究提供了广泛而丰富的资源。

跨文化研究是指同一个课题通过对不同社会文化背景下的幼儿进行研究，以期探讨儿童心理发展的共同规律和不同的教育条件对儿童心理发展的影响。跨文化研究可以检验、修正、完善幼儿教育理论，对影响幼儿身心发展的变量做出更确切的推定。比如弗洛伊德通过对精神病患者的研究提出幼儿性别角色的获得是恋母情结的结果，但跨文化研究否定了它的普遍意义，因为人类学家在屈比安岛上发现，那里的男孩由舅舅带大，并不存在恋母情结，乱伦最主要发生在兄弟姐妹之间，而不是父母与孩子。他们的压抑与弗洛伊德所说的并不一致，但他们也照样学会了性别角色。可见研究者只是依据在一定范围内的有限观察得出的结论是不确切的，有时，跨文化研究是必要的。

（5）生态化研究和实验室研究。强调生态化研究是近年来教育科学研究中的新趋势。生态化研究强调在自然、真实、互相联系的环境中揭示人的心理和行为的发展规律。生态化研究明显异于实验室研究，因为实验室和日常生活环境有很大的区别，实验室内各种仪器设备、试验人员的存在都可能影响被试行为的自然性。实验室研究往往只能研究在某种特殊条件下的孤立行为。如果直接用实验室中得到的数据，甚至用动物实验的结果来推论人类的行为是不妥的。因此，生态化研究强调研究应在日常生活环境下进行，在内外多重因素相互影响中进行，而不是在实验室条件下孤立地研究幼儿的某种行为活动。

生态化研究的优点是真实可靠，研究是在自然条件下，对研究对象不加任何干预或控制，幼儿的外部表现是在不受任何干扰下的自然流露，得到的结论较客观。如要了解幼儿的个性特征，可以通过日常生活观察幼儿行为特点，也可以通过平时的教学、游戏活动等观察幼儿的表现。在教育研究中经常使用的自然实验法、观察法等都属于生态化研究。

实验室研究就是在实验室内有目的地严格控制一定的条件或创设一定的情境，人为地引发一定的教育活动发生，从而对其进行分析研究的方式方法。实验室研究的优点是可以主动地引起所需要研究的教育现象，而不是被动地等待某种教育现象的出现，还可以通过严格控制和改变条件，从而了解某些条件对幼儿教育的制约或影响，从而使幼儿的心理现象与教育等外界条件之间的关系明确化。实验室研究可以反复进行验证，以判断某种教育现象的普遍性或偶然性。

实验室研究虽然具有上述的优点，但是由于影响教育的因素十分复杂，不易确定，所以，在实验室里研究幼儿的教育问题有一定的局限性，实验设计也十分困难。另外，在实验室情境下的研究，往往会使幼儿的情绪、态度发生变化，其所得的结论也必然会受到影响。

（6）其他的分类。幼儿教育科学研究还可以按照其他不同的标准对其类型作进一步的划分。

①按研究的领域分类。按研究的领域，幼儿教育科学研究可分为基础研究和应用研究。

基础研究属于纯科学研究或学术研究，又称为基本理论研究。基础研究的目的在于认识幼儿教育领域中未知的东西，发现普遍规律，形成和发展教育基本理论。基础研究虽然不指向具体的问题或特定的问题，其成果也不一定能为解决实际问题所直接采用，即不能够“拿来就用”，但它能够对幼儿教育实际工作提供带有普遍意义的指导。例如皮亚杰的“认知建构主义理论”就属于教育研究中有关儿童发展的基本理论的探讨，它对儿童发展理论体系构建和教育实践都具有普遍的指导意义。

应用研究是指以解决教育实践中实际问题为目的的研究。它主要是将基础研究中得出的有关的理论、规律付诸实际应用，以解决具体的、特殊的实际问题或提高实践的效果。如幼儿的入学年龄问题的研究就属于应用研究。

②按研究的方法分类。按研究的方法，幼儿教育科学研究可分为实证研究和思辨研究。

实证研究，指注重事实资料的收集，强调以原始资料作为立论的基础研究。思辨研究，指对所研究的问题进行严密的哲理思考与逻辑论证，推演出问题结果的研究。

上述这些分类不是绝对的，它是相对某一标准而言的。对于具体的某一项课题研究，其研究所涉及的往往是多方面的、综合的，因而也可以将其同时归入好几种类型。

第二节　幼儿教育科学研究的过程与设计

幼儿教育研究的基本过程通常是由一系列具体步骤构成，可以归纳为：①选择和确定研究课题；②确定变量；③建立假设；④选择研究对象——抽样；⑤收集资料；⑥处理与分析资料；⑦形成结论；⑧撰写研究报告。

一、选择和确定研究课题

选择和确定研究课题是研究过程的初始阶段，有时也是最困难的，它是整个研究的关键性一步。

1. 课题的来源

幼儿教育科学研究的课题来源于社会需求，来源于幼儿教育学科本身的发展过程中所出现的矛盾，来源于幼儿教育实践中所存在的问题等，归纳起来主要有以下几个方面：

①来源于幼儿教育实践和社会需要；

②来源于幼儿教育实践经验向教育理论的转化；

③来源于幼儿教育基本理论向教育应用实践的转化；

④来源于幼儿教育科学研究本身的偶然发现；

⑤来源于现有幼儿教育理论自身的不足与缺陷；

⑥来源于其他学科研究的启示与移植。

2. 课题选择的原则

选择与确定研究课题一般包括两个方面的内容：一是确定研究的方向，二是选择进行实际研究的问题。确定研究课题并非是随意的，它受研究目的、价值、依据、条件等因素制约，因此，这些因素就构成了课题选择应当遵循的基本原则。

（1）价值性。价值性是指所选定的研究课题必须是有价值的。课题的价值性通常表现在两个方面，即实践价值和理论价值。前者是指研究意在解决现实问题，后者是指研究有助于知识的拓展。

对课题的价值作理论性与应用性的区分是相对的。即使是纯理论研究的课题，它也可以为应用研究提供理论依据，从而间接地体现出实用价值。而应用研究的课题对其研究结果经过进一步的抽象、概括，也可以上升到理论，从而具有理论价值。因此，对课题研究的价值，不宜作绝对的理解。

（2）创新性。创新性是指选定的研究课题要具有新颖性。创新性主要表现在研究的内容新、时间新和思路新。

①内容新。它是指要选择那些别人没有研究过的，或者是在幼儿教育实践中出现的新问题。研究内容要具有新意，就要求研究人员对理论有较深的认识，对实践有全面的了解，这样才能提出新的设想，选出好的课题。

②时间新。它是指所选择的课题要有时代感，具有浓厚的时代气息。同一个问题在不同时代赋予不同的时代新意，新的历史条件赋予旧的问题新的内涵，拓宽了选题的范围。要想使选题具有时间新的特点，研究者就必须对现状有深入的了解，同时还应具备敏锐的专业洞察力，这样才能及时捕捉到新出现的问题。

③思路新。它是指从新的角度出发，另辟蹊径去研究同一问题。任何一个事物都存在着各个方面，以往的研究总是对事物某个方面的探讨，而不是对各个方面的研究，或者研究不够深入，研究者就可以从同一问题没有研究或研究甚少的方面选题，或运用新的研究方法作更有效的深入研究。

（3）可行性。可行性是指研究课题的选择要考虑好主客观因素，以保证课题研究顺利进行并高质量完成。研究课题的可行性主要可以从两方面来评估：一是主观条件，如研究者自身的基本素质、对选择课题的理解程度、与课题有关的知识技能、科研经验、课题成员的组合等；二是客观条件，如情报资料，研究设备、仪器，测查条件、时机、经费，有关部门的支持配合等。

（4）明确性。明确性是指课题所反映的问题应具体化，界限清楚，范围宜小，而不能太笼统、空泛、模糊。如果研究课题不明确，针对性不强，那么，往往所开展的相应研究的科学性就差。研究课题越具体，研究者就越容易把握与操作。要使课题做到明确具体，研究者在选题时就应对课题研究所涉及的问题作深入的分解与分析，然后再依具体情况加以选择。

3. 课题论证

为了使选择的课题更具合理性，更有可行性，避免盲目性，为课题研究创设落实的条件，研究者还必须对自己选择的课题进行初步的论证。课题论证实际上就是对选定的问题进行分析、预测和评价，其主要内容和要求包括：

（1）研究题目。课题名称应简明具体，反映研究的实质。

（2）对课题研究目的及意义的简要说明。课题研究的目的、意义一般从两个方面进行说明：一是课题研究的现状和趋势；二是课题研究的意义、应用前景、特色与创新之处。

（3）课题研究的基本内容，预计突破哪些难题。为了理清研究的思路，通常要求把研究的主要内容以摘要形式高度概括，一般要求字数控制在200字以内。

（4）课题的研究思路和方法、研究工作方案和研究的进度计划。这一部分内容通常包括理论分析、方法和步骤、技术关键及其解决办法、详细的工作进度安排等。

（5）研究已具备的工作基础和有关条件。这一部分内容主要包括过去的研究工作基础，研究人员及协作条件，从其他渠道已得到、已申请或拟申请的经费情况及自筹经费等。

（6）研究成果的预期效益及使用范围。课题论证，通常要求把预期研究成果及效益以摘要形式高度概括，一般也要求字数控制在200字以内。

（7）经费预算以及需购置的仪器设备。这一部分内容包括图书资料费、仪器设备费、材料费、科研业务费、协作费等。

二、确定变量

在科学研究中，问题的描述通常仅仅提供研究的大致方向，为了说清楚具体的研究内容，还必须确定研究活动的关键因素，并在此基础上，提出假设。

在研究过程中，有些因素是研究中所有个体都具有的相同的特征或条件，叫做常量。有些因素在研究中不同的个体有不同的特征或条件，这些就叫做变量。比如，要比较是否进行早期教育对幼儿智力的影响，这里幼儿就是一个常量，是这个研究中不变的条件；而表征智力变化的智商就是变量，另外一个变量是早期教育。早期教育是一个条件变量，决定研究的条件。不同的变量在研究中担当不同的角色，具有不同的名称。

1. 研究变量的类型

根据其性质不同，研究变量分为自变量、因变量和干扰变量。

（1）自变量（independent variables）。所谓自变量，就是由研究者安排的、人为操纵控制的、作有计划变化的诸因素。它通常具有如下特征：

①它的变化会导致研究对象发生反应；

②它的变化能够被研究者所操纵控制；

③它的变化是受计划安排的。

例如，要研究针对同一教学对象和教学内容应用不同的教学方法，将会产生怎样的教学效果，各类不同的教学方法，就是自变量。

(2) 因变量 (dependent variables)。因变量又称应变量或依变量，它是随着自变量的变化而变化的，是研究者打算观测的变化因素。它具有如下的特征：

①它必须是跟随自变量的变化而变化的因素，或对自变量做出响应；

②它是根据需要，有待观测的因素；

③它是能够以某种反应参数来表征的可测量因素。

在幼儿教育科学研究中，各种学习反应信息（如反应速度、正确性、几率、强度）、态度等级、知识积累、能力变化、特征分布状况等均可作为因变量。

通常研究要探讨的是自变量和因变量的对应关系，自变量是研究者要操纵的因素，是变化的原因；因变量是研究者要测定的因素，是变化的结果。自变量的变化能引起或影响因变量的变化，因而因变量的变化信赖于或取决于自变量的变化。下面举两个教育研究的例子加以说明。

[**例** 1] 两种不同教学方法教学效果的比较研究。

自变量：两种不同的教学方法；

因变量：幼儿的学习成绩。

[**例** 2] 不同文化家庭背景对幼儿智力的影响。

自变量：不同文化背景：父母文化程度高、父母文化程度低；

因变量：幼儿的智商。

(3) 干扰变量 (intervening variables)。在一项研究中，除了自变量和因变量外，还可能有许多变量介入到研究过程中来，并且干扰自变量和因变量的对应关系，这些变量统称为干扰变量。干扰变量属于研究中虽然可以判断其存在，但是较难加以测量的变量，因此又称为无关变量。它的存在会对其他变量的效果解释产生不利影响，使研究者无法做出正确判断与解释。

2. 下操作性定义

课题中的主要变量一经确定，下一步就是界定变量的含义。在研究设计中，不仅要全面考虑到各种变量及其相互关系，还要说明用什么方法来测量变量，即给变量下操作性定义。

操作性定义是指从具体的行为、特征、指标上对变量的操作进行描述。一个变量可能不只有一种操作性定义，操作性定义能使研究者确认同样问题在不同研究之间的相似点和差异点。另外，操作性定义可用于重复的研究，能够提高研究结果的可解释性，为他人重复验证提供具体的做法，便于他人理解和同行之间进行学术交流。操作性定义通过确定概括的范围，来帮助提高研究结果的外在效度。

下操作性定义通常有以下几种方法：

(1) 条件描述法。条件描述法是对所解释对象的特征或可能产生的现象进行描述，对达到某一结果的特定条件作出规定，指出用什么样的操作去引出什么样的状态，即先设定某种条件，再观察产生的结果。这种方法常用于给自变量下操作性定义，例如，我们要研究“英汉双语”环境下幼儿语言发展的特点，这个研究的前提是“英汉双语”环境下的幼儿，那么，什么样的环境是“英汉双语”呢？心理学家用条件描述法给“英汉双语”下了个操作性定义：“英汉双语”是指父母讲英语，其他成人讲汉语。这样，大家都能对“英汉双语”进行实际操作了。

下面再举 2 个例子：

[**例 1**] 竞争关系——两个以上的同伴，所处环境相似，大家都有相同的目标，但并非所有人都能达到目标，这时同伴之间的关系为竞争关系。

[**例 2**] 自信心——对即将来临的舞台表演可能获得的成功指数的估计。

(2) 指标描述法。指标描述法指对所解释对象的测量手段、测量指标、判断标准做出规定。通常这些指标能作量化处理，常用于给因变量下操作性定义。例如，要对幼儿的概括能力进行研究，仅把“概括能力”定义为“能抽象出同类事物的共同本质属性”是不够的，因为这样的定义还没有把变量转化到可观测、可度量、可操作的程度。研究者可把“概括能力”分成不同的概括水平：一级水平，只是从事物表面进行概括，如长方形的特征就是长条的图形；二级水平，只是对事物的某个方面进行概括，不够全面，如长方形就是上下两条边长、左右两条边短；三级水平，能对事物的特征进行大致的概括，但不够精确，如长方形左右两条边和上下两条边相等；四级水平，能概括出事物的本质属性，如长方形对边相等。有了以上指标描述性的操作定义，大家就能依据这个指标体系或判断标准对幼儿的概括能力做出评判。

下面再举 2 个例子：

[**例 1**] 发散思维——对同一物体多种用途的设想能力，具体指标为在 60 秒内回答砖的不同用途达 10 项以上。

[**例 2**] 阅读能力——用阅读测验量表上中等难度的文章进行测验，要求阅读速度达到 200 字/分钟以上，辨别达 90%以上，理解达 80%以上，记忆达 70%以上。

(3) 行为描述法。行为描述法是对所解释对象的动作特征进行描述，对可观测的行为结果进行描述。通常这种操作性定义用于解释客体的行为，常用于给因变量下操作性定义。例如，研究不同的奖励方法对“喜欢画画的幼儿”后续画画行为的影响：研究者用行为描述法来定义，“喜欢画画的幼儿”是指 60%的课余时间都用来作画的幼儿，达不到这个条件的则不属于“喜欢画画的幼儿”。

下面再举 2 个例子：

[**例 1**] 旁观——注视其他幼儿的活动达 2～3 分钟以上，自己未参与。

[**例 2**] 合作——对其他幼儿的活动给予支持，并直接参与活动，成为其中一员。

除了变量要下操作性定义外，研究的有关条件也需要尽量下操作性定义，如要研究单亲家庭儿童的个性特点，就要说明什么叫单亲家庭，单亲家庭的操作性定义可以为：由于某种原因，如离婚、配偶死亡、配偶两地分居，甚至未婚先孕等，孩子只能和父亲或是母亲在一起生活的家庭。可以看出，单亲家庭这个操作性的定义具有确定的、可观察或可证实到的特征。

不同类型的研究其变量的操作性定义有不同的表现方式。对于量的研究，一般来讲，操作性定义应当明确具体，而对于质的研究就不一定使每个变量的操作性定义都十分明确具体，因为在质的研究中的变量往往需要在研究过程中逐步清晰。

三、建立假设

所谓假设，就是对选题提出的问题作假想性的回答，根据这种回答建立有关变量关系的陈述。

在幼儿教育研究中，通常要探讨的是变量之间的关系，在确定研究工作的路线时，研究者往往要提出一种暂时性、推测性的解释或猜想，这就是提出假设。然后，根据这些假设，设计研究程序进行深入研究，以便验证和修改假设，直至达到预定的目的，或者找出事物的本质性规律，直至形成正确的理论。

例如，我们要研究学前儿童的识字量与上小学后语文成绩的关系，在未得到事实结果前，我们可以假设，学前儿童识字量与上小学后语文成绩呈正相关，即学前阶段识字量越多，上小学后语文成绩越好，识字量少，语文成绩相对较差。

1. 假设的特征

科学的假设，具有以下显著特点：

（1）假设应具有推测的性质。任何假设都是对于外界各种现象的猜测，尚未达到确切可靠的认识，因而有待于进一步通过科学研究来检验或证实。假设的最终结果一是假设被证实，二是假设被证伪，前者是通常认为的理想结局。这里需要注意的是，假设被证伪、被否定，事实上这也是一种理想结局，它并不意味着研究工作的失败。因为否认本身就是科学研究中认识发展的一种形式，也是研究成果的一部分。

（2）假设应具有事实和科学知识的基础。科学的假设，是以真实的事实材料为基础的，科学的假设与迷信的胡说或无根据的瞎说根本不同。

（3）假设是人们认识、接近客观真理的方式。虽然假设对未知事实的解释是否把握了客观真理尚属疑问，但是，假设是对于客观事物有根据的推测。从发展的眼光来看，对假设的不断修正、补充和更新，会更多地、更正确地反映客观现实的某些方面。所以，它是人们的认识向客观真理接近的方式。

2. 假设的作用

建立假设是研究设计的一项重要内容，因为假设在接下来的研究中，具有如下的作用：

（1）假设是研究的核心。在有假设的研究中，整个研究过程实际上就是围绕着验证假设展开的。当然验证的结果并非总是假设被证实，也有被证伪的可能性，但是不管最终结果如何，假设就如大海中的航标，为研究指明方向，使研究不偏离航向。

（2）假设能更明确地说明和规定课题。有假设的研究，内容更具体，方向更明确，目标更集中。依据假设，可以提出并确定研究中的自变量和因变量的种类、数目及其关系，从而确定了研究的方向和具体目标。

（3）假设是通向理论的桥梁。从假设到理论是科学认识发展的必经之路。提出假设并不是认识的终结，而是为过渡到理论做准备。一般来说，假设具有理论的某些特征，是对有关现象的概括。当假设的基本观念或预言被证实或证伪，这个假设就可能上升为理论。

3. 假设的陈述

要表述一项研究假设，通常要包括研究课题的限制性条件（C）、研究的自变量（X）、研究的因变量（Y）以及关系动词（E）等基本成分。假设的表述方式，通常有以下几种：

（1）条件式表述。条件式表述的形式是“在 C 条件下，如果有 A，则有 B”。这里两个变量 A 和 B 有条件关系。

［例］ 幼儿园教师如果收看“福建教育之窗”节目，有助于专业水平的提高，并能促进教学，推动教改。在这项假设中：

限制性条件 C＝幼儿园教师

自变量 X＝“福建教育之窗”节目

因变量 Y＝积极意义和作用

Y_A＝专业水平提高　　Y_B＝促进教学　　Y_C＝推动教改

关系动词　E＝如果……有助于

(2) 差异式表述。差异式表述的形式是“在 C 的条件下，A 和 B 之间存在差异”。差异可表示为 $A>B$ 或 $A<B$。这里两个变量 A 和 B 存在差异关系。

[例] 在幼儿数概念教学中，使用实物和图片辅助教学，两者的教学效果不存在显著差异。在这项假设中：

限制性条件 C＝数概念教学

自变量 X＝使用辅助手段

X_A＝实物　　X_B＝图片

因变量 Y＝教学效果

关系动词 E＝不存在显著差异

(3) 函数式表述。函数式表述形式是“在 C 条件下，随着 A 的改变，B 将作××方式的变化”。这里两个变量 A 和 B 存在因果共变关系。

[例] 幼儿园小朋友在课堂学习时，随着学习时间的增加，注意的保持率将逐渐下降。在这项假设中：

条件因素 C＝课堂学习

自变量 X＝学习的时间

因变量 Y＝注意的保持率

关系动词 E＝随着……逐渐下降

四、选择研究对象——抽样

选择研究对象是教育科学研究设计的重要一环。在幼儿教育研究中，由于课题内容不同，研究对象的范围也不同。如果研究对象仅仅是个别的或极少数人，通常不存在选择对象的问题，因为研究对象的总体差不多就是研究的直接对象。但是，绝大多数课题涉及的对象总体比较大，要将课题规定的所有对象都拿来进行研究往往难以做到，也没有必要，这时需要选择研究对象，即抽样。

1. 抽样的概念

抽样就是从课题规定的总体中抽取部分有代表性的个体作为样本，然后用这一样本的研究结果去推断总体的过程。抽样的目的在于科学地挑选总体的部分作为总体的代表，以便通过对这局部的研究，取得能说明总体的足够可靠的资料，准确地推断总体的情况，从而认识总体的特征或规律性。抽样的作用是为了合理地减少研究对象，既可节约人力、物力、时间，又可使研究力量相对集中，使研究工作更深入、细致，从而提高研究的准确性和可靠性。

2. 抽样的基本要求

抽样是按一定规则进行的，抽样的基本要求是：

（1）确定研究总体范围。抽样，首先要明确抽样的总体范围，通常研究课题和研究目的决定了总体的范围。如“福州市区幼儿园儿童个性的调查”，这个课题的总体就是福州市区全体幼儿园小朋友，不包括郊县的幼儿园小朋友，也不包括市区其他小学生和初中学生。如果总体范围不很清楚，在抽样前应对总体做出明确规定。否则，会对抽取样本和结果推断造成麻烦。

（2）抽样的随机化。随机化是指总体中的每个个体被选入样本的机会均等。抽签、摇奖就是根据抽样的随机化原理设计的。抽样必须是随机的，这样可避免研究者的主观倾向或人为因素造成的偏差。

（3）样本的代表性。样本的代表性是指样本应具备总体的性质或特征，能在较大程度上代表总体。样本的代表性会影响研究结论的可靠性，影响研究结论的推断程度。对样本代表性的最大威胁是抽样偏差，常为人引用的例子是：1936 年美国《文摘》杂志上的一项有关总统大选的民意调查，调查结果预测兰登将在总统选举中获胜，罗斯福落选。但事实正好相反，选举结果是罗斯福当选总统。虽然民意调查是随机抽样的，而且样本数也不少，但调查者的样本主要是从电话号簿和汽车登记册中抽取的。1936 年有电话和汽车的人仅代表了美国选民中的某个特定阶层，对于选民总体来说不具有代表性。这次民意调查的失败在于抽样偏差，样本没有代表性，抽取的样本在本质上与总体特征不吻合。

（4）合理的样本容量。样本容量是指抽取样本的具体数量。样本数量的多少，既要符合研究目的、内容，满足教育统计的要求，又要考虑抽样的可能性，并使误差减少到最低限度。一般来说，样本数越多，代表性越好；样本数过少，抽样误差较大，代表性也较差。但是，仅仅依赖增大样本数并不是保证充分代表性的必要条件，如果抽样的程序发生偏差，遗漏了代表总体的某些部分，增加样本就意味着偏差更大。另外，样本数过多，会造成不必要的浪费。

样本数量多少为宜，这是一个复杂的问题。一般来说，样本大小取决于以下一些因素：

①研究的类型、范围。如果研究是定量研究，研究范围广，那么样本数量可多些，反之，则可少些。

②统计分析的精确程度。如果研究要求的精确度高，那么样本数量可多些，反之，则可少些。

③允许误差的大小。如果研究允许的误差值小，那么样本数量可多些，反之，则可少些。

④总体的同质性。如果研究总体的变异性大，那么样本数量可多些，反之，则可少些。

⑤抽样的方法。如果抽样组织条件控制不严，测定指标信度低，那么样本数量可多些，反之，则可少些。

⑥研究条件，包括时间、精力、财力。如果研究经费充足，时间、精力有保证，那么样本数量可多些，反之，则可少些。

⑦分析的类别。如果研究的因果关系复杂，分析的类别多，那么样本数量可多些，反之，则可少些。

根据经验，在教育科学研究的调查研究中，样本数量最好不要少于 100；相关研究中，样本数量最好不要少于 50；实验研究中，样本数量最好不要少于 30。当然以上给出的数字仅供参考。在研究中具体样本数为多少，还需根据实际情况做出决定。

另外，推算样本数可用公式计算出总体数量与样本数量的参照数据，见表 1-2-1。

表 1-2-1　有限总体数量与样本数量关系

总体数（N）	10	20	50	100	200	500	1000	2000	5000	10000	50000	100000
样本数（n）	10	19	44	80	133	217	278	322	357	370	382	384

注：可信度为 95%，允许误差 5%

3. 抽样的基本方法

抽样方法基本分两大类：概率抽样与非概率抽样。遵循随机化原则的抽样称为概率抽样，不是按照随机化原则进行的抽样称为非概率抽样。

（1）概率抽样。要使样本在性质上对总体具有代表性，抽样时就需遵循随机化原则，使总体中原来多的部分被抽取到的机会就多，少的部分被抽取到的机会就少。概率抽样的最大优点，是能用概率计算的方法客观地评价研究结果的精确度，并且可以按照课题所要求的精确程度，去考虑样本容量和具体的抽样方法。

概率抽样的主要方法有简单随机抽样、系统随机抽样（等距抽样）、分层随机抽样（类型抽样）和整群随机抽样等。

①简单随机抽样。简单随机抽样是随机抽样方法中最基本的、运用最广泛的、简便易行的抽样方法，是其他抽样方法的基础。简单随机抽样法是对在总体中随机抽取的个体不加任何限制，总体中的每一个体都有被抽到的同等机会。简单随机抽样可通过抽签、查随机数字表或计算机造数来实现抽样，其具体方法有以下 3 种。

抽签法：先将总体的每一个体编上号码，每个号码做一个签，将全部的签充分混合后，随机从中抽取，被抽到签号的相应个体就进入样本，直到取够所需样本数目为止。

查表法：随机数字表是由许多随机组合排列的数字组成的表。查随机数字表，确定从总体中所抽取个体的号码，则号码所对应的个体就进入样本。查随机数字表顺序可随意从任何一区、任何一个数目开始，依次向各个方向进行。

计算机造数法：用计算机编造随机数程序，从随机数总体中抽出个体号码作为样本。

上述 3 种抽样方法是基本抽样方法，它虽然最符合随机原则，随时可用，但十分费事，效率不高。仅适用于总体单位数较少、范围有限的情形，要进行大规模的抽签或查随机数字表都是很困难的。

②系统随机抽样。系统随机抽样又称等距抽样或机械抽样，是把总体中的所有个体按某种顺序排列编号，然后依固定的间隔抽取样本（间隔的大小视总体与样本数量的比率而定）。换句话说，当样本的第一个个体被随机选定后，其他的个体就可按一定的规律抽出。

系统随机抽样的操作方法是：设总体容量为 N，样本容量为 n，则 $m=N/n$（其中，m 为抽取间隔），再用单纯随机抽样法来确定第一个样本单位 K（$K\leqslant m$），最后将 K，$K+m$，……$K+(n-1)m$ 等对象抽取出来，构成样本。

［例］采用等距随机抽样法在 800 名幼儿中选取 100 名作为样本，操作的第一步就是将 800 名幼儿进行编号；第二步计算 m 值，$m=800/100=8$；第三步任意确定第一个样本单位，设 $K=6$，则被选取的幼儿号数为 6、14、22……798。

系统随机抽样使样本分配均衡，更具代表性，抽样误差较简单随机抽样小，操作也较简单，实际运用较广。但如果总体中个体的排列存在周期性的波动或变化，就有可能出现样本抽取的系统误差，如男孩是单号，女孩是双号，就有可能造成所抽取的样本只有单个性别；或者是总体不能被样本容量所整除，则应作进一步的考虑。例如总体设为1049名幼儿，拟抽取的样本容量为100，则抽取间隔 $m = 1049/100 = 10.49$。这是一个不为整数的“间距值”，在这种情况下，可直接取比较接近 m 值的那个整数，即10，因为从理论上讲，当总体数和样本数都较多时，这种抽样误差是可以忽略不计的。

③分层随机抽样。分层随机抽样又称类型抽样，是将总体按某一属性或特征分成若干层次或类别（子总体），然后以各层或各类在总体中所占比重，按比例随机抽取样本。

［例］ 对某幼儿园800个儿童的身体状况进行调查，抽取十分之二的儿童（160人）作为样本。首先按平时的观察将儿童的身体状况分成优、良、中、差4个层次，其中优（160人）、良（320人）、中（240人）、差（80人）。然后用简单随机抽样在4层次中按比例分别抽取样本，从优等级中抽取 $160\times\frac{2}{10}=32$ 人，从良等级中抽取 $320\times\frac{2}{10}=64$ 人，从中等级中抽取 $240\times\frac{2}{10}=48$ 人，从差等级中抽取 $80\times\frac{2}{10}=16$ 人，$32+64+48+16=160$，这160人就组成了分层随机抽样的样本。

分层随机抽样确保每层子总体都被包容在抽样范围内，避免了某一子总体出现“超载”现象或出现意外样本。由于样本中各层数量构成与总体中的数量构成比例相当，从而能保证样本的代表性。对于总体构成比较复杂，总体数量较大，各层次标志明显的情况，宜采用分层随机抽样。

④整群随机抽样。整群随机抽样就是以自然群体（学校、班级等）为单位，从较大的群总体中随机抽取样本的方法。整群随机抽样与其他抽样方式的区别在于，它的样本单位是群体，不是个体。例如，在福州市区所有幼儿园中随机抽取10所幼儿园进行一项新的教学方法的实验研究，采用整群随机抽样比较方便，切实可行。这种抽样不会因研究而打乱原有的学校、班级，能兼顾到常规的教学秩序、师生配合等问题。另外，整群可作为分析的单位，对统计分析具有意义。但是整群随机抽样所获样本分布不均匀，群体间可能会存在差异，在一定程度上会影响样本的代表性，因此，在选择研究群体时需要慎重考虑。

（2）非概率抽样。在不能实行概率抽样的情况下，要采用非概率抽样法。非概率抽样常用于定性研究或小范围的非正式的研究中。具体的抽样方法有以下几种。

①目的抽样。少数研究应当在理解总体与个体的基础上抽样，或以研究目的为基础抽样。比如在开始设计问卷的时候，研究者可能选择一些观点差异悬殊的人试测，来检验问题的设计是否恰当。虽然这种调查结果不能代表任何有意义的总体，但会有效地发现问卷设计中的缺失。这时可以有目的地选取对象进行问卷的试测。

②随意抽样法。随意抽样又称偶然抽样，指按研究者的需要和方便，利用现有的机会对偶然遇到的对象进行抽样。例如，抽取送孩子到幼儿园的家长进行调查；抽取过路的行人进行调查；抽取某次演讲的听众或正在阅览室看书的读者进行调查等。随意抽样简便易行，是新闻记者常采用的方法，但它受研究者主观意志支配，很难保证样本的代表性。

③定额抽样法。定额抽样从对总体性质的了解开始，在某一总体中考虑具有某种属性的人数所占的比例，并按各类人数在总体中的比例赋予它适当的比重，然后从中抽取样本的方法。此种方法存在的问题是：定额的比例必须精确，但由于最新的关于总体性质变化的信息并不容易得到，因此会造成抽样的偏差。

一般来说，概率抽样不受抽样者主观意志的影响，能确切地定义样本，确定抽样概率，抽样误差较小，并能从样本推断总体，为研究结果的准确性和可靠性提供保证；而非概率抽样的最大优势在于它的简单易行与费用低。因此，在实际研究中，既要尽可能按随机化原则抽样，又不能机械地套用上述抽样方法。在选取研究对象时要求对课题的特点和客观条件作具体分析，将几种抽样方法结合起来使用。

五、收集资料

收集研究资料，是指获取本研究项目最终结论所需要的事实材料或数据，与查阅文献时所指的资料并不是一回事。收集资料要严格遵守操作规程，要做到客观、准确、规范，因为这些资料都是获得研究结果的原始资料。

收集研究资料或数据的方法有多种，如观察法、调查法、实验法、测量法等等。由于收集资料是研究工作的核心环节，因此，收集资料的方法要讲究规范、科学。

收集资料工作开始之前，需要做一些准备工作，如物质材料的准备（包括观察表格、记录表格、调查问卷、测验题目、用具设备等），研究者之间的意见应取得一致，实施前必须与协作单位联系并征得同意等。

在收集资料的过程中，应遵守科学研究道德。研究者应当充分尊重参加研究人员（包括研究协作者和被试）的权利、名誉和利益，保证他们不受任何身心伤害，对于个人的资料要保密，如果被试要了解测试结果，应该向他们提供。

六、处理与分析资料

单纯收集资料不能算是科学研究，杂乱无章的资料无法判定和验证假设。收集资料信息只能反映现象的表面，或只是描述现象，不能更深刻地说明现象的本质。因此必须对收集到的原始资料或数据进行整理和处理分析。初步的整理工作包括：归类，评分或评定等级，列出总结表格（如总数、均数、次数分布图等），接着按原定计划选择适当的方法进行统计，画出简明的统计结果表。对资料进行分析应该运用逻辑推理和系统科学分析等定性分析的方法。

对数据进行统计处理，可为研究结论提供比较科学、准确的依据，也可说明该研究结论的接受范围和误差范围。凡条件许可，均应对数据进行统计分析。然而，各种统计方法都有一定的使用条件和运作要求，并非在一切情况下都可随便运用。因此，研究者应努力学习有关统计方法的知识，十分谨慎地运用这一工具，否则，很容易误用，导致错误的结论。

七、形成结论

统计处理的结论并不等同于研究结论，还需要针对研究假设，将统计处理的结果提升为研究结论。在形成研究结论时，应尽量做到定量分析与定性分析相结合，综合地考虑与研究有关的多种证据，以及各方面因素的影响。应对当时研究的背景环境、具体条件、特殊情景等做出明确的描述和解释，并实事求是地限定该结论适用于进一步推断的范围。如果未经任何统计处理，下结论时的措词更需恰当，防止夸大经验性结论。各种统计处理方式所得结果在结论的阐述中也应有所区别，如仅用相关分析，就不能得出关于因果关系的结论。

八、撰写研究报告

研究报告是把研究者的研究指导思想、学术观点、研究过程与成果公之于众的主要方式，也是研究者与实践者的重要沟通渠道。研究报告写得如何，直接影响人们对研究工作的评价。

一篇较好的研究报告或论文，一般应具备正确性、客观性、公正性、可读性等特点。文字应力求简洁准确、浅显易懂，结论的阐述应证据充足、合乎实际、不引申夸张。文章的格式可略有不同，但一般应包括如下内容：研究目的、问题阐述、文献综述、研究假设、抽样与资料收集方法、研究步骤与过程、操作定义、材料的整理与分析、结论，以及对本研究结论的限定，对所发现问题的讨论和对以后研究的建议、启示等。为给读者留下较为简明清晰的印象，文章中可用图表等形象化说明。

第三节　幼儿教育科学研究的原则、意义与任务

一、幼儿教育科学研究基本原则

原则是一种基本规范和要求，其目的是保证一项活动能按预定的计划实现预期目标。幼儿教育科学研究的基本原则，既是人类认识的基本规律在教育科学研究中的具体运用，也是人们在幼儿教育科学研究中积累的经验总结和高度概括，是对幼儿教育科学研究规律的正确反映。幼儿教育科学研究有以下基本原则。

1. 客观性原则

客观性原则是指研究者在研究中必须尊重客观事实，反映客观事实，以客观事实为依据，按照客观事物的本来面目予以揭示，而不凭主观臆测或歪曲。它是一切科学研究都应遵循的基本原则。坚持客观性原则，要求研究者在研究过程中要做到：

（1）丰富的研究资料是来源于研究对象的真实情况，而非研究者的主观臆测。

（2）所运用的研究方法科学规范，并以实事求是的态度搜集、整理和分析资料，概括结论，不能想当然，或以偏见、成见先入为主。

（3）研究应考虑“多重参照点”准则，注意从多方面、多角度入手对同一问题或方面做多维立体的考察研究，尽可能获取全面的翔实的研究资料，避免草率做出片面的结论。

2. 教育性原则

教育性原则是指研究过程与结果应对幼儿的身心发展起正面的促进作用，使研究对象从中受益。研究幼儿教育是为了更好地教育幼儿，而不是为研究而研究。因此，不仅在课题选择上要考虑教育意义，使其结果有助于教育、教学质量的提高，而且要在研究方案的设计上和实际研究的过程中考虑对幼儿有良好的教育影响，不做有损幼儿身心健康发展的事。如母亲对幼儿身心健康成长的重要性，这是备受教育理论界关注的一个问题，但我们绝不可以因为研究的需要就将幼儿与母亲分离。

坚持教育性原则，要求研究者在研究过程中要注意如下事项：

（1）充分尊重被试幼儿的意愿，不强迫幼儿执行其不愿从事的任务，保护幼儿的自尊心

和隐私权等。

（2）研究中所设计的活动或任务不能与日常教育中所倡导的行为规范相悖，避免产生与正面教育相矛盾的结果，如在进行幼儿道德行为研究时，就不能故意去创设情境让幼儿去犯错误来获得不良行为的资料。

（3）实验研究，不能为显示实验组的效益而剥夺对照组幼儿基本的教育环境与条件，或者加重实验组幼儿及家长的负担，如在研究过程中占用幼儿的休息、睡眠等自由支配的时间等。

3. 系统性原则

系统性原则是指在研究中用整体的、系统的观点指导教育科研活动。幼儿教育不是孤立存在的，它是社会这个大系统中的一个小的子系统，更是教育这个系统中的一个子系统，所以研究幼儿教育时，要考虑幼儿教育与社会的相互联系，分析家庭环境、社会环境的影响，更要和其他层次的教育联系起来进行综合研究。如幼儿的社会性行为，不仅和班级、教师有关，还和其家庭环境、社会文化背景等一系列因素有关。因此，要深入认识幼儿的心理就必须运用系统的观点，对影响幼儿心理发展的诸多因素作全面细致的分析。

4. 创新性原则

幼儿教育科学研究同其他科学研究一样，所要探讨的是人们所未知的方面。科学研究的价值在于创新，简单地重复他人的研究是一种浪费。坚持创新性原则，这就要求研究者要加强情报研究，了解有关领域的已有研究成果，把握研究动态，使自己站在所研究领域的前沿；另一方面注意从新角度、新侧面，运用新方法、新手段去研究问题。

5. 共享性原则

研究者的研究程序设计、专门术语概念的运用，尤其是研究成果要用公认的、确切的符号加以表示，以保证同行专家能够依照研究报告的内容，了解整个研究过程和研究结论，同时也便于同行之间相互交流，促进知识的传播与共享。

6. 检验性原则

同行专家在相同的研究条件下，复制所公开的研究程序进行研究，应能得到相同或相近的结果。因此，为了检验幼儿教育研究成果，研究者应尽量全面且清楚地交代所在研究情境的关键特征，在研究程序设计、方法运用、成果表述等方面符合科学性和规范化的要求。

7. 文化性原则

教育的文化性，指的是教育对人类的文化具有保存、传承和创造的性质和功能。教育的文化性，要求幼儿教育科学研究应坚持研究的民族性和本土性，应明确幼儿教育科学研究的根本目标就是建构具有中国特色的幼儿教育理论，以不断地指导我国的幼儿教育实践。

二、幼儿教育科学研究的意义

幼儿教育科学研究对探索幼儿教育规律、解决幼儿教育问题、促进幼儿教育改革、提高幼儿教育质量、推动幼儿教育事业的发展具有重要意义。从某种意义上说，幼儿教育领域中的任何进步都应归功于幼儿教育科学研究。没有研究便无所谓进步。研究为教育的发展提供方向、依据，是教育发展的基础。幼儿教育科学研究的重要意义具体体现在以下几个方面。

1. 有利于全面提高幼儿教育教学质量

要全面提高幼儿教育教学质量，就必须按幼儿教育规律进行教育教学与管理。而人们对幼儿教育规律的每一点认识，幼儿教育实践水平的每一次提高，都往往是先来自于幼儿教育研究。事实表明，离开教育研究去抓教育质量，往往是劳而无功，甚至是事与愿违。幼儿教育研究是揭示幼儿教育规律的有力武器，有了对幼儿教育规律的认识就可以更好地改善我们的教育实践，避免幼儿教育工作中违背教育规律的现象发生，减少盲目性，增强幼儿教育工作的有效性，从而全面地提高幼儿教育教学质量。

2. 促进幼儿教育改革和发展

随着科学技术的进步，经济和社会的发展，传统的幼儿教育思想、教育体制、教学内容与方法往往需要进一步的改进，而幼儿教育的改革必须以幼儿教育科研成果为指导，换言之，幼儿教育科学研究是推动幼儿教育改革和发展的直接动力。没有科学研究，正确的解决问题的方案与措施就无从谈起。只有建立在幼儿教育科学研究基础上的教育改革方案，才能有效地解决幼儿教育实际问题，促进幼儿教育事业的发展。

3. 提高幼儿教育决策的科学化水平

从幼儿教育管理的角度来看，幼儿教育科学研究是教育决策的基础，它为教育决策的科学化、民主化提供信息、理论和依据，正所谓“没有调查就没有发言权”。在教育实践中，特别是处于当今幼儿教育深化改革的阶段，需要解决和探讨的问题很多，要对这些问题做出科学的判断并提出合理有效的解决措施，光凭经验显然是不行的，必须依靠研究的成果来指导教育教学决策行为。正常的顺序应是研究在先，决策在后，而不是先做决策，再为决策的合理性寻找依据。

4. 发展和完善幼儿教育科学理论

幼儿教育科学理论是随着幼儿教育科学研究的进程而逐步完善和发展的。幼儿教育科学理论的产生经历了这样一个基本过程：首先提出一定的理论构思，通过观察、调查和实验研究等，对教育实践经验进行分析和综合、抽象和概括、类比和推理，从而发现规律，得出结论。科学研究，促使人类的认识从具体到抽象，再到思维的具体，达到对事物本质的把握。因此，要建立具有中国特色的幼儿教育科学理论体系，必须相应地建立一套科学的幼儿教育研究方法体系。比如遗传与环境在儿童心理的发展过程中起什么作用的问题，一直是教育理论界关注的焦点问题，并曾引起广泛的争论，但由于人们研究的角度不同，研究所依赖的事实和实验不同，提出的观点和看法也往往有所不同。幼儿教育科学研究可以帮助我们对这一问题做更加深入的探讨和解决，而这些研究结果将进一步发展和完善教育科学理论。

5. 提高幼儿教师自身素质

幼儿教育科学研究的过程是教师学习提高的过程。在研究中，教师要查阅大量的文献资料，学习新的教育理论、先进的教育思想和观点，不断更新知识。在研究中，教师需要正确的研究方法论指导，并积极探索，不断创新，这有助于幼儿教师自身科学素养和能力的提高，促进教师专业化发展。事实上，优秀的幼儿教师无一例外地在教育教学的同时积极开展教育教学研究，使自己从经验型教师逐渐成长为专家型教师。

6. 扩大教育对外开放的渠道

在幼儿教育科学研究中，一方面离不开通过评介、借鉴世界各国前沿的教育理论成果和先进的教育管理经验；另一方面，也可以通过开展跨文化合作研究工作，或参加国际教育交流活动，向世界宣传我国幼儿教育改革发展的成功经验，让世界了解中国幼儿教育。可见，开展幼儿教育科学研究能有力地促进我国教育的对外开放，促进幼儿教育经验交流。

三、幼儿教育科学研究的任务

幼儿教育科学研究的基本任务是研究幼儿教育领域内存在或出现的理论问题和现实问题，揭示幼儿教育发展的客观规律，更好地指导幼儿教育实践。具体可分为以下几个方面：

1. 总结幼儿教育的历史经验

几千年来保留下来的幼儿教育历史遗产十分丰富。历代的教育家，如我国古代的贾谊、颜之推，现代的陶行知、陈鹤琴，国外的柏拉图、卢梭、福禄贝尔、蒙台梭利等，他们的幼儿教育思想和教育实践都需要我们去整理、分析与研究，从中总结出成功的经验和失败的教训，为今天的幼儿教育发展服务。

2. 研究当代幼儿教育的发展

对当代幼儿教育发展的研究是幼儿教育研究的重点。总结历史经验，是从历史的纵向角度探讨教育的内在规律。要促进当代幼儿教育的发展，就必须对当代幼儿教育所出现的种种新问题加强研究，以使幼儿教育不断地适应现代社会发展的需要。研究当代幼儿教育的发展，一是要大力开展幼儿教育现状的调查，以了解我国幼儿教育的基本国情；二是要深入探讨目前在幼儿教育改革与发展过程中出现的重大理论问题和实际问题，要将基础理论问题研究与实际问题的研究紧密地结合起来。

3. 预测幼儿教育的未来趋势

教育是面向未来的事业，是为未来培养全面发展的一代新人。已在许多国家受到越来越广泛关注的教育未来学，就是教育研究超前性的功能及其所担负的任务的体现。通过幼儿教育研究预测幼儿教育的未来，向教育决策者提供有关未来的社会人口、人才需求、教育体制、教育内容和教育形式等方面的理论依据和种种可行性方案，从而为教育行政部门制定短期、中期和长期的幼儿教育发展规划和政策服务。同时，幼儿教育研究还要根据幼儿教育发展过程的新趋势、新课题、新要求，预测未来幼儿教育的发展趋势，从而使幼儿教育工作者及时修正教育的要求、内容和方式，培养出适应未来社会要求的全面发展的一代新人。

4. 进行国内外幼儿教育的比较

对国内外的幼儿教育实践和理论进行比较分析，揭示各国幼儿教育发展的共性和个性特征并从中找出幼儿教育发展的共同规律和趋势，也是幼儿教育科学研究的重要任务。通过这样的比较研究，汲取各国幼儿教育之长，为我国幼儿教育决策和教育改革提供借鉴。通过比较，还可探寻不同文化背景下幼儿教育的共同规律和差异性，开阔视野，形成新的教育理念。

5. 推动幼儿教育科学发展

幼儿教育科学要在幼儿教育改革中发挥其应有的作用，必须加强自身的学科建设。幼儿教育研究的重大任务就是要通过研究去获得教育新认识，产生教育新思想，建立教育新理论，把幼儿教育科学不断地向前推进，为构建有中国特色的社会主义幼儿教育科学的理论体系作贡献。

思考题

1. 什么是幼儿教育科学研究，幼儿教育科学研究有何特点?
2. 幼儿教育科学研究的基本程序包括哪几个阶段? 请写出幼儿教育科学研究的具体步骤。
3. 选择与确立研究课题应遵循哪些基本原则?
4. 在研究设计中如何确定变量，建立假设?
5. 抽样的基本方法有哪些? 分别应如何进行?
6. 幼儿教育科学研究的重要意义何在? 基本任务是什么?

第二章 课题确立

教学目标

1. 了解选择与确立科研课题的意义；
2. 理解幼儿教育科研课题的基本类型；
3. 掌握科研课题选择的原则、方法与路径；
4. 学会对幼儿教育科研课题进行分析和论证。

课题确立即选择和确定研究课题，是一个选定与明确所要研究问题的过程。它规定了问题研究的领域或范围，使研究工作具有联系性、系统性和方向性。本章重点阐述选题的意义，介绍幼儿教育科研课题的基本类型和实用的选题思维策略，并对课题论证的结构与内容进行探讨，力争使读者明了选题的全过程，为整个课题研究引领一个好的开端。

第一节 选题概述

一、选题的意义

选题是一项完整的研究工作的开端，决定着研究工作的方向、研究所采用的方法和研究工作内容。科研是从选题开始的，正如爱因斯坦曾经说过："提出一个问题往往比解决一个问题更重要。"科学研究的过程就是发现问题和解决问题的过程，研究成果的价值更多地取决于问题本身的研究价值。

1. 选题影响研究方向

选题应初步明确研究目的、研究内容、研究方法和研究步骤，选题工作做好了，整个研究活动的工作尤其是研究的方向就明确了。因为一旦确定了课题，那么接下来所有工作都将围绕这个课题展开，即围绕这个课题设计研究程序，运用特定的研究方法搜集研究资料，通过翔实的资料充分论证主题。俗话说，好的开始是成功的一半，就是这个道理。

2. 选题决定研究的成败

选题正确与否不仅关系科学研究的开展，而且关系能否出科研成果以及科研成果的价值大小。由于选题不当而导致研究失败是科研中常见的现象，如有的选题研究者只是凭兴趣来选却忽视了课题研究的价值，这样的研究成果就不一定是教育实践所需要的；如果所选的课题没有任何创新的话，研究成果就不会有理论价值与实践意义；再如选题时如果没有充分论证课题可行性，忽视研究的主客观条件，也可能会使研究陷入困境，最后无果而终。因此，选题是科研工作要引起重视的首要问题。只有按照选题的原则与要求，结合实际工作的需要选择合适的课题，才能确保研究工作不半途而废，才会取得预期的成果。

3. 选题反映研究者的综合素质

科研的过程也是研究者提高自身研究能力的过程，同时也体现了研究者的理论水平、洞察能力、概括水平和创造性思维等方面的综合素质与能力。因为为了选取有价值的科研课题，研究者需要学习教育理论，收集和分析有关文献资料，回顾以往的教育教学工作，观察和思考面临的教育现象，对各种教育问题进行分析和整理，同时还要对课题研究的主客观条件做出分析与评价。我国著名哲学家张世英曾提出："能提出像样的问题，不是一件容易的事，这是因为提问题本身就需要研究，一个不研究某一行道的人，不可能提出某一行道的问题。也正因为要经过一个研究过程才能提出一个像样的问题，所以我们也可以说，问题提得恰当了，这篇论文的内容和价值也就很有几分了。这就是选题的重要性之所在。"因此，是否善于选题，也就成为衡量一个研究者研究水平高低的重要标志之一。

二、科研课题的基本类型

1. 理论性课题和应用性课题

根据研究的目的不同，可以将幼儿教育研究的课题分为理论性课题和应用性课题。

（1）理论性课题，又称基础性课题，主要是指旨在探索和揭示幼儿教育现象的本质和幼儿教育过程的基本规律，丰富幼儿教育的基础理论的课题，如幼小课程衔接的理论基础、儿童语言习得认知观与早期双语教育等。

（2）应用性课题，是指以改造幼儿教育实践活动为目的，在基础理论的指导下，探索具体的各种幼儿教育活动的途径和方法的课题，如全语言教育理念下的幼儿早期阅读、学习型组织理论对幼儿园教研文化重建的启示等。

2. 描述性课题、因果性课题和预测性课题

根据研究活动对问题探讨侧重点的不同，可将幼儿教育研究的课题分为描述性课题、因果性课题和预测性课题。

（1）描述性课题，是指对幼儿教育的某些现象进行具体描述和分析的课题，如大班幼儿对图画作品的认知研究、如何看待幼儿告状行为等。

（2）因果性课题，是指探索和揭示幼儿教育中两种或两种以上现象或事实之间的因果关系的课题，如家庭生活中父母与幼儿的互动对幼儿数学能力发展的影响、感官训练与幼儿智力发展关系的实验研究等。

（3）预测性课题，是指在认识某些幼儿教育现象及其因果关系的基础上探索其未来的发展趋势或发展状况的课题，如全人发展的幼儿教育——世界幼儿教育发展的趋势之一，幼儿心理健康问题研究进展与发展趋势等。

第二节　选题的思维策略

选题是需要策略的。本节将重点介绍发现问题的思维策略、选题条件、选题基本原则、选题基本路径以及课题确立方法与表述，以期帮助读者真正掌握选题的精髓所在。

一、发现问题的思维策略

选题首先要有问题可选，而要有问题就必须善于发现问题。研究者要发现问题，必须具备三个基本条件：其一，拥有相关的专业知识储备和一定的教育实践经验；其二，关注专业领域改革与发展动向；其三，勤于思考，聚焦热点与难点问题。此外，还必须掌握下列常见的几种思维策略。

1. 怀疑

怀疑是对已有的所谓“权威”的结论、常规、习惯等合理性的重新审视，在原来以为没有问题的地方发现新的问题。当然怀疑必须要有根据，因为毫无根据的猜疑是不可能提出有研究价值的新问题的，得出的研究结论也必然无法令人信服。可作为怀疑根据的有一般结论和基本概念。

一般结论不一定就是真理，即使是真理也会随着时代的发展而有所变迁。如在生活中经常会听到这样的话“不要让孩子输在起跑线上”，这种观点在教育实践中对教育者是有所误导的，不符合幼儿心理发展规律。深入反思后就会发现，这种观点过于强调孩子发展的一致性，忽视了差异性的客观存在；过于强调外在激励对孩子发展的作用，忽视了内在动机的作用；过于强调对孩子发展的控制，忽视了孩子自主精神的培养。事实上，不同的儿童因其遗传因素、家庭背景、个性品质等的不同而有着不同的起跑线，也就无所谓起跑线上的输赢，更何况起跑线上的输赢根本不是教育者能够完全控制的。教育者能做的和应做的是始终关注每个儿童的个体差异，以德为本，长善救失，尊重每个孩子的个性特征，充分发挥他们的自主精神，培养兴趣，通过言传身教实施个性化的教育，促进每个孩子健康发展。

基本概念往往是教育原理、理论的核心。对概念的怀疑有时就是对原理、理论的怀疑。如可以对现在还仍然十分流行的概念“儿童中心”进行仔细推敲，用怀疑的眼光看待这一理论，“儿童中心”的内涵与外延究竟是什么？教师与学生的角色究竟应如何定位？关系如何处理？幼儿园课程设计与实施应完全顺着幼儿的兴趣爱好吗？等等。

2. 逆向思维

逆向思维或变换思考角度，是发现问题的基本策略之一。与怀疑不同，这种思维策略不是以否定原有结论为前提的，它所需要摆脱的是原来的思维定势和已有知识经验的惯性影响，从与原有结论不同的角度，或不同的层次上来认识原来的研究对象，以形成关于研究对象的新认识。如长期以来幼儿园课程内容的选择与组织存在对知识的贬抑及西方化的倾向，这种倾向遮蔽了幼儿园课程的本质，使其难以承担提升和优化儿童学习生命课程的重任，而“在中国传统文化哲学视域下重新审视幼儿园课程内容的选择与组织”这样的选题，通过变换思维角度便可引出一批新的研究课题。

3. 类比与移植

与上述策略不同，它是通过借用其他学科的思维方式或研究成果，来发现本学科研究的新问题，这种思维策略的特点是从别的学科研究中得到启发，通过类比或移植其他学科的研究手段或研究结论，找到本学科领域问题研究的突破口。这种思维策略的关键是善于发现不同学科研究对象与思维方法之间的关系，借“他山之石”，实现本学科的创新。用这种方法发现课题的研究者并非罕见，如王娟和张积家的课题“幼儿语言学习的机制及其对教育的启示”就是从儿童视听语言学习的机制出发探讨了幼儿语言的发展及其启示，这其实就是借用语言学和心理学的原理发现幼儿教育问题并通过思考选定研究课题的范例。

4. 现象剖析

上述的三种策略都与对事物的已有认识直接相关。现象剖析的思维策略要求对现象本身做一番思考，提出新问题。其实，对于幼儿教育中一些司空见惯的现象，只要我们善于多问几个为什么，就会发现许多值得研究的新课题，如孩子为什么会说谎？为什么不愿上幼儿园？为什么会出现幼儿教育小学化现象？等等。

二、选题的条件

1. 广博的知识是选题的基础

要正确选题，研究人员必须拥有深厚的知识储备。深厚的知识包括两个方面：一方面研究者要具备本专业的学科知识以及邻近学科和其他学科的知识。特别是随着学科相互交叉与融合，一些新兴学科、边缘学科不断涌现，研究课题也呈现出学科渗透化的特点，这就要求研究人员知识体系具备宽泛性。就幼儿教育领域而言，研究人员应具备深厚的幼儿教育学和幼儿发展心理学的知识，还应该了解幼儿卫生学、生理学、营养学、伦理学、社会学，甚至数理统计学等方面的知识。

另一方面，研究者不仅要掌握已知的知识，还要了解未知的知识。掌握前人的研究成果是研究新问题的前提和基础，也是知识的继承性、系统性所决定的。另外，那些当前迫切需要而又尚未探索的知识，也是需要洞察的。已知与未知是相互联系的，只有对已有的研究都熟悉和掌握了，才能了解和发现幼教科研中的空白点，即只有了解了已知，才能发现未知，已知越多，空白也就越多，可探索的问题与知识也就越多。目前在幼儿教育领域，无数前辈虽已建立了庞大的幼儿教育理论和方法体系，但是面对复杂的幼儿教育实践，特别是随着幼教改革的不断深入，还有很多迫切需要解决的问题，这就需要以前人的研究为基础，并且有针对性地提出课题加以研究解决。

2. 独立思考能力是选题的必要条件

一般而言，科学研究是在前人研究的基础上进行的，但这里有一个如何对前人研究成果批判性继承的问题，这就需要研究者施展自己的独立思考能力，结合自己的理论学习与教育实践，对前人研究结论进行富有个性特色的解读，而非人云亦云，把前人的研究成果简单地奉为金科玉律。另一方面，理论是为实践服务的。我国幼儿教育起步晚，教育理论和研究成果还无法充分满足教育实践的需求，反之，幼儿教育实践又给幼儿教育研究不断提出新的问题。作为研究者必须要有独立思考能力，对幼儿教育领域内部现象以及外部影响因素进行多方位的思考、全面的分析和充分的论证。如瑞吉欧教育理念与模式曾经在幼儿教育界一度风靡，可是究竟该如何结合我国的国情，充分考虑我国的政治、经济、文化水平等因素，吸纳瑞吉欧模式可借鉴的经验，为我所用，就需要研究者具有批判性思维能力。

3. 及时掌握科研动态是选题的重要保证

当今世界正处在“信息革命”的时代，科学技术飞速发展，与此同时，科技资料也在以惊人的速度加快积累。有人曾提出这样的看法，认为科研内容与手段日新月异，科技信息量的增长和知识废旧率的增长呈正比。尽管这种看法未必适当，但它却警示着研究者必须要有更新知识的紧迫感，紧跟时代步伐，了解研究最新动向。如果研究者对所研究领域的最新信息和发展动态不了解，就无从知道哪些问题是已经知道的，哪些问题还存在争议，哪些问题又是最迫切需要研究解决的，从而导致科研课题的确定带有盲目性。因此，研究者应在平时有计划有意识地查阅有关的文献资料，及时了解有关研究的最新进展。

三、选题的基本原则

选题原则是指人们在选题时必须遵循的基本要求，是人们长期以来对幼儿教育科研活动中选题经验的认识和概括，在一定程度上反映了选题的规律。

1. 价值性原则

价值性原则就是要求研究者在选择科研课题时应具体分析和衡量课题的研究价值，尽可能地选择有较大研究价值的课题开展研究工作。

课题的研究价值包括理论价值与实践价值两方面。

理论价值是指本课题的研究结论能对丰富幼儿教育理论、形成幼儿教育科学理论知识体系有所助益。具有理论价值的课题可以是幼儿教育基础问题的研究，也可以是对已有研究进行检验、论证，或者把有关幼儿教育研究的不同领域的理论进行交叉研究，以填补幼儿教育理论体系的空白。如早期教育与全面发展的关系研究，艺术教育在幼儿教育体系中的地位研究，幼儿教育思想研究，幼儿教育的历史、现状及发展趋势的研究等课题，都具有很高的理论价值。

为了体现理论价值，首先，应选择具有普遍意义的战略性的幼儿教育问题作为研究课题，如“幼儿园科学教育的价值取向”“制约当代幼儿教师专业发展的内在机制”等。其次，应针对当今我国幼儿教育理论相对滞后于急速发展的幼儿教育改革与发展的需求状况，对在幼教实践中出现的新问题、新情况进行理论上的探索，如“幼儿早期阅读研究”“幼儿园绘本阅读研究”等。再次，还可以选择超前于幼教实践，为教育方针、政策、规则的制定以及出台改革方案提供理论依据的前瞻性的教育问题作为研究课题，如“幼儿阶段全纳教育问题研究”“从社会公共服务的角度研究儿童福利的问题”等。

实践价值是指研究结论能为教育改革与发展服务，具有一定的现实指导意义。要做到课题具有实践价值，选择课题时要明确国家对幼儿教育的规划，关注当前幼儿教育发展状况，明确幼儿教育最迫切解决的问题，不断分析、论证新理论的应用价值。

为了体现实践价值，首先应选择当前幼教改革与发展中最迫切、最急需解决的现实性的问题作为课题进行研究，如“幼儿园办园模式探索”“农村留守儿童教育管理问题探讨”等；其次，应选择对当前幼教改革与发展具有指导价值，起咨询、解惑、决策作用的问题作为课题进行研究，如“论农村幼儿园环境创设的若干问题”“幼儿教育小学化现象探析”等；再次，应选择最新理论研究成果如何在实践中加以应用的问题作为课题进行研究，如“体验：儿童审美发展之必需[①]”这一课题，就运用脑科学、神经心理学、情绪心理学等的研究成果来研究儿童的审美发展；又次，对在实际教育教学工作中产生的先进的经验加以总结，并提

① 孔起英．体验：儿童审美发展之必需［J］．学前教育研究，2010（10）

升到理论的高度加以概括，以便推广，这类课题也具有广泛的应用价值，如“福建省幼儿园实施健康教育的有效途径”“不同阅读方式对5～6岁幼儿阅读效果影响的比较研究”等。

2. 新颖性原则

新颖性原则就是要求研究者选择的课题应该是该领域中前人或他人所没有解决或没有完全解决的问题，使研究过程或研究的结论能有新的发现，产生新的认识，为人们提供新的知识。

课题的新颖性体现在以下两个方面：第一，首创性课题，这是课题的最高层次，它要求洞察到幼儿教育研究中从未发现过的问题，并把这些问题作为研究的课题；第二，再创性课题。顾名思义，再创性课题就是依据相关的理论，或者继续研究别人已取得的成果，或者把已有理论应用到实践中，或者对幼儿教育实践活动不断总结、提升，把这些问题作为研究的课题。

遵循新颖性原则应注意以下几点：

一是选题具有时代感。根据时代发展的新要求，把敏锐洞察到的教育问题作为研究课题，如留守流动儿童教育管理问题、入园难问题、公办园与民办园协调发展问题等。

二是内容新。即课题研究体现出来的观点以及论据有一定的新突破。为此，可以从教育实践发现的新问题中选题，如幼儿美术教育是否要示范、小班幼儿如何开展户外游戏等；也可以从幼教理论中的新概念、新观点、新见解、新思想中选题，如“论幼儿教育的开放性”；也可以从不同学科之间或分支学科的边沿地带选择研究课题，如“论共生性师幼关系”等。

三是角度新。对于热门的教育课题，对于他人已经研究并取得成果的课题，经过认真思考，从新的角度去研究，仍然体现了新颖性，给课题赋予新意。如关于幼儿入园焦虑的问题很多研究者都研究过，但大多是从幼儿园的角度来探讨解决办法，如果从家庭的角度来分析这个问题就显新颖。再如，关于游戏，我们可以从哲学的角度去思考游戏对于提升儿童生命质量的意义，这种思考会加深对游戏价值的进一步理解，既有创新，也是对游戏理论的完善。

四是方法新。即同样的课题我们可以采取不同的研究方法去研究，这样得出的结果就可以相互补充与佐证。如确定了某一感兴趣的课题后，通过文献检索后发现该课题理论研究较多，那么就可以采取调查、访谈或实验法等实证研究的方法展开研究，这样既易出新成果，也补充了理论研究的不足，丰富并完善相关研究成果。

3. 具体性原则

课题所反映的问题应该是具体明确的，研究对象、研究范围、研究内容甚至研究方法都应尽量在课题设计中明确体现出来，不要空泛、笼统、模糊。如果课题不具体明确，针对性不强，科学性就差，研究设计就无从下手，具体操作难以实施。如“幼儿美术教育”这样的课题就无法研究，因为美术教育包括的范围是很广的，涉及教育目标、内容、方式方法、评价等多方面的内容。我们可以把范围缩小，如“水墨画对幼儿中班孩子审美能力发展的影响”，这样的课题研究起来就比较好操作。

4. **科学性原则**

科学性原则是指所选定的课题应该具有明确的指导思想和研究目的，选题的依据要充分、合理。也就是说，选题要有实践基础和理论基础。实践基础即科研课题是从教育实践中产生的，必须具有可靠的事实依据和很强的针对性。理论基础即教育理论对选题起着定向、规范、选择和解释的作用，没有一定的理论基础，选定的课题必然起点低、盲目性大。最后确定的课题，理论依据与实践依据必须是充分的，指导思想必须是正确的、科学的。

5. **量力性原则**

量力性原则是指研究者选定的研究课题要有完成的可能性，通俗地说，就是做得来，完成得了。选题要可行，就要对预期完成课题的主客观条件尽可能加以周密、准确的估计。“知问题之难易，知主观之长短，知客观之利弊 ”，研究者充分考虑课题研究的客观因素并发挥研究者自身的优势条件，扬长避短，这是选择课题的基本要求。若不顾条件盲目选择和确立课题，课题再新颖再有价值也毫无意义，而且容易导致研究工作的半途而废。

主观条件：主观条件是指课题研究者具备的知识水平、研究能力、专业特长、经验基础、兴趣爱好、理解程度等。人的才能是有差异的，有的人擅长观察，有的人擅长动手操作，而有的人则擅长哲理思辨，每个人在学术造诣方面也各不相同。因此，如果选题能有利于发挥个人所长、避其所短，尽力做到使选题的方向、大小、难易程度与自己的知识、能力与经验相适应，选择与自己专业相近，对它又有着浓厚兴趣并具有研究条件的课题，研究起来必定会事半功倍，获得较好的科研成果。例如，对体育有兴趣并且又有一定研究基础的人，可以选择幼儿体育教育方面的课题；有着丰富的幼儿园管理经验的园长，则可以选择幼儿园管理方面的课题；如果研究者擅长哲理思辨，则可以选择幼儿教育哲学的问题进行研究。

客观条件：对任何一个研究者来说，在选择科研课题时都应充分考虑研究的客观条件，如时间和精力、科研经费、文献资料、设施设备等，使所选课题与具备的客观条件相适应，这样课题才会有完成的可能性。具体说来，大致应考虑以下几点：一是能否获得充分的文献资料，因为选题通常是在现有资料的基础上进行的；二是完成科研必要的物质条件，如有无合适的研究场所、必要的研究设备等；三是科研经费是否充足；四是科研所需的人力资源，如能否得到适宜的被试样本，研究者有没有充裕的研究时间和必需的科研团队。此外，必要的相关部门的协作，也是必须考虑的客观条件，如要研究幼儿园与小学衔接的问题，能否得到小学的协作配合就很重要。某些课题尽管有着重要的研究价值，研究者也具有相应的主观条件，但客观条件如果不充分，那么这些选题也不是恰当的选题。

当然，为了完成一项研究课题，研究者要通过主观努力来克服某些条件的不足，尽量创造研究所必需的主客观条件，例如，努力学习弥补自身知识的不足，努力争取有关部门的支持等。但是有的条件无法靠主观努力来创造，因此选题时要估计、预见哪些条件是课题研究无法具备的。不具备相应研究条件的课题应果断放弃，因为研究条件无法达到，研究工作就无法顺利进行。

四、选题路径

选题路径即课题来源，归纳起来，主要有以下几个方面：

一是来源于幼教实践和社会需要；二是来源于幼教实践经验向幼教理论的转化；三是来源于幼教基本理论向幼教实践的转化；四是来源于幼教科学研究本身的偶然发现；五是来源于现有幼教理论自身的不足与缺陷；六是来源于其他学科研究的启示与移植；七是来源于教育科研规划中出现的新问题、新发现。

选择、确定研究问题的过程实际上是研究者在专业研究领域由青涩走向成熟的过程。初次从事科研工作的研究者可能会对研究方向毫无头绪，一个研究题目也想不出来。这时，研究者的兴趣就将成为研究问题的最好来源。研究者可以静心思考一下这些问题：我对哪些专业理论或现实问题比较感兴趣？为什么我会对这些问题感兴趣？这些问题还与哪些理论、现实问题有关？这些问题背后是否存在一定的政治、经济、文化等原因？这些问题之间关系是什么？……研究者思考这些问题的过程，其实就是明确研究方向、凸现问题、聚焦题目的过程。下面具体介绍三种常见的选题路径。

1. 从教育实践中选题

教育实践是一切教育科学理论的源泉，是教育科学研究的主要对象之一，也是选题的主要路径。教育工作者，尤其是广大一线幼儿教师和园长们在教育实践活动中会遇到大量的现实性问题，这些问题有待于正确认识并寻找解决的办法。教育现象是错综复杂的、多样化的，在幼教实践中，值得和需要研究的问题是极其丰富的，有有关贯彻教育方针方面的问题，有教育教学的任务、内容和方法的问题，有幼教师资培养的问题，有幼儿教育与前后阶段教育衔接的问题，有幼儿园管理问题，等等。捕捉来自实践一线的课题，需要细心观察、认真倾听和深入思考，这就需要我们多看、多听、多想。

“多看”。在日常教育教学实践活动中要学会观察、善于观察，寻找有研究价值的课题。例如，在幼儿园里仔细观察，会发现很多幼儿有吃手指等不良习惯。这些不良习惯会影响到幼儿的身心发展，许多教师看到后往往只是简单地制止，不能取得良好的效果。针对这个问题，就可以把“如何矫正幼儿吃手指的不良习惯”作为研究课题，从而展开研究，提出解决问题的有效方法。

“多听”。在教师与孩子、家长、同事、朋友的交谈中，要多听。在会议发言以及广播、电视、报纸的报道中，要留意记录与思考，发掘有价值的科研课题。例如，在与幼儿园园长交流时，很多园长都会抱怨幼儿园工作太复杂，对幼儿教师的工作质量很难做出科学的评价，也不能很好地调动他们的工作积极性。对此，园长们就可以把“如何科学地评价幼儿教师的工作质量”作为研究课题。

“多想”。每个幼儿教育工作者都有自己的工作任务与职责，可以从本职工作中寻找课题。当在教育实践中遇到具有普遍性的问题，而解决这些问题对于提高教育质量又有较大意义时，教师们就可以把此类问题作为研究课题。例如，现在孩子的性格变得越来越任性，经过思考，发现造成这种现象的原因是绝大多数孩子是独生子女，家长对孩子过于溺爱，无原则满足孩子的一切要求。对于这种迫切需要解决的问题，就可以把“独生子女的特点与教育对策”作为研究课题。

总之，教育实践是教育科学研究课题最重要、最基本的来源，教育科研正是通过不断地研究并解决实践中提出的各种各样的问题而保持旺盛生命力的。可以说，实践是教育科研选题最重要的路径之一。

2. 从教育理论中选题

从教育理论中提出课题，首先需要研究者具备一定的教育理论基础，这对教育理论工作者来说比较容易做到，但对从事教育实践的工作者来说就难一些。教育实践工作者可以从教育理论的学习中结合自己的实践经验提出研究课题，验证或丰富、充实有关理论。理论性研究课题主要来源于教育理论，一些应用性和开发性研究课题也可以受教育理论的启发而提出来。

从教育理论中选择的研究课题大多属于基础理论研究。基础理论研究的目的是探索一般规律，而不是解决某个具体的实体问题，然而，它能够为解决具体的实际问题提供知识准备和理论指导，能够对整个学科的发展起重大的推动作用。从现有的教育理论文献中寻找空白点、不足处，甚至是“错误处”，揭示现有理论体系中的矛盾，发现尚未研究过的问题，这是选题的一个重要方面，如“幼儿教育中知识传授与能力发展的关系问题”“幼儿游戏价值问题”等等，都可以作为我们的选题。

此外，教育实践活动随着社会的发展而不断发展，也使教育理论不断得到丰富和发展。在教育理论的发展中必然会有许多的不完善之处，也会有与已有理论与教育实践相矛盾的地方，或者存在一些值得深入探讨的理论问题，这些都可以成为教育科研课题的重要来源。如国外一些幼儿教育理念本土化的问题，其实就是对教育理论在实践基础上的理性思辨与审视。随着科学的高度综合化和分化，在多学科的交叉点上提出研究课题也是一个重要来源，如从幼儿教育与政治经济、幼儿教育与文化历史和社会发展的关系来做理论研究，就是很好的理论选题具体路径。

3. 从教育规划中选题

教育规划包括这样几个方面：一是国家出台的幼儿园工作指导文件，如《幼儿园工作规程》、《幼儿园教育指导纲要》等，这些文件有与幼儿教育直接相关的明文规定，研究者可以通过深入解读这些文件，再结合自己的兴趣与实践确立研究课题；二是省、市、县各级教育行政部门参照国家的幼儿教育文件，根据地方的具体情况制定的地方性规划，据此研究者可以选一个反映幼儿教育的热点难点问题进行研究；三是与幼儿有关的节假日的规定，如儿童节、教师节都属于此，研究者可以在节日前选择与儿童发展、教师权益等相关的内容进行研究。从教育规划中选题，要求研究者高度关注与幼儿教育有关的文件规定，提高专业敏感性，捕获研究问题，从中选题。

五、课题的陈述

在研究的开始阶段，对课题的陈述可以粗略一些，然后通过查阅文献系统思考，使问题表述逐渐明晰。通常对研究课题的陈述，主要包括如下几个方面：

（1）课题的一般性描述，包括课题来源、类型和目标。

（2）课题的目的意义，包括重要性、价值性的说明。

（3）课题的内涵与外延。

（4）课题中的主要问题与次要问题。

（5）课题的相关资料说明。例如，该课题研究的有关历史记录，当前有关研究问题的资料调查；当前与课题有关的问题分析；在正式研究前做的试验性调查等。

（6）研究技术中的限制性说明。研究课题的陈述可以采用叙述或描述的形式，也可以采用问题的形式，具体采用哪种形式并不重要，重要的是陈述要精确和无可置疑。下面看一个课题陈述的例子，可以比较一下。

［**例**］原陈述：幼儿的动作发展

修改陈述：幼儿动作协调能力的内涵、影响因素及其培养策略

问题陈述：幼儿动作协调能力的发展对儿童的身心健康发展的意义，幼儿动作协调能力发展的基础、后天培养方式对儿童动作协调能力发展的影响，促进幼儿动作协调能力发展的教学策略。

第三节　课题论证

一、课题论证的意义

1. 课题论证的含义

课题论证是指通过搜集和运用各种理论和事实依据对课题的科学性及课题研究活动的价值性和可行性进行确认和评估。广义的课题论证包括两种，一种是指研究者（或课题组）对自己选定课题的研究价值、研究的可行性、研究的内容方法、研究的技术路线等所做的说明；另一种是指同行专家对研究者提交的课题论证报告所进行的讨论和评价。狭义的课题论证是指第一种，下面着重阐述狭义的课题论证。

2. 课题论证的意义

（1）课题论证能进一步确认课题的研究价值，明确课题研究的目标。

（2）课题论证可以避免选题的盲目性，明确研究思路，使整个课题研究具体化、系统化和完善化，保证课题研究的顺利进行。

（3）课题论证是争取课题立项和经费资助的需要。

（4）课题论证能充分展示研究者的科研态度和科研能力。

二、课题论证的内容

课题论证的内容包括对研究课题的目的意义、内容、方法步骤、与课题有关的研究动态、完成课题的主客观条件、最终成果等进行分析评价和预测。课题论证后研究者要向有关部门提交论证报告或项目申请书，有关部门再组织一些专家、学者、科研管理者等对课题进行评审。一般这种论证可以决定是否予以立项或经费资助。任何一项教育科研课题的确立都必须进行论证。

不同部门、不同项目的课题对研究者在论证课题时的具体内容和要求有所侧重，但一般说来，包括以下基本内容：①课题名称；②课题的承担者及其成员；③本课题国内外研究现状，预计有哪些突破；④课题研究的目的；⑤课题研究的主要内容；⑥课题研究的主要方法和步骤；⑦完成本课题的条件分析（人员构成、资料准备、科研手段及外在的支持条件等）；

⑧成果形式及完成时间。

1. 课题名称

课题名称应简明具体，反映研究的核心内容。

2. 课题的承担者及其成员

承担该课题的成员情况，包括承担者和成员的姓名、职称和工作单位等信息要注明。

3. 本课题国内外研究现状

通过国内外文献的大量阅读，对国内外这一课题或相关课题的研究情况做一个简单的总结、概括与论述。

4. 本课题研究的目的与意义

这一部分的内容指明课题研究的目的，即通过课题研究会解决什么样的问题，阐述课题研究的理论价值与实践意义。

5. 课题研究的主要内容

这一部分的内容介绍课题研究涉及哪些方面的具体内容，搭建研究内容框架结构，强调研究的重点、难点及创新之处。

6. 研究的主要方法和步骤

这一部分内容通常包括该课题研究的方法和步骤、技术关键及其解决办法、详细的工作进度安排等。

7. 课题的条件分析

这一部分内容主要包括过去的研究工作基础，研究人员及协作条件，从其他渠道已得到、已申请或拟申请的经费情况及自筹经费等。

8. 经费预算

经费预算包括图书资料费、仪器设备费、材料费、科研业务费、协作费等。

9. 成果形式及完成时间

课题论证要对研究结果的分阶段目标以及研究成果的最终呈现形式做一个预测，同时还要提出分阶段目标的完成时间和最后结题时间。

表 2-2-1　课题论证申请表

<table>
<tr><td colspan="2">课题名称</td><td colspan="2"></td></tr>
<tr><td rowspan="7">课题承担者和成员</td><td>姓名</td><td>职称</td><td>工作单位</td></tr>
<tr><td></td><td></td><td></td></tr>
<tr><td></td><td></td><td></td></tr>
<tr><td></td><td></td><td></td></tr>
<tr><td></td><td></td><td></td></tr>
<tr><td></td><td></td><td></td></tr>
<tr><td></td><td></td><td></td></tr>
<tr><td colspan="2">国内外的研究现状</td><td colspan="2"></td></tr>
<tr><td colspan="2">研究目的</td><td colspan="2"></td></tr>
<tr><td colspan="2">研究内容</td><td colspan="2"></td></tr>
<tr><td colspan="2">研究方法</td><td colspan="2"></td></tr>
<tr><td colspan="2">研究步骤</td><td colspan="2"></td></tr>
<tr><td colspan="2">条件分析</td><td colspan="2"></td></tr>
<tr><td colspan="2">经费预算</td><td colspan="2"></td></tr>
<tr><td colspan="2">成果形式</td><td colspan="2"></td></tr>
<tr><td colspan="2">完成时间</td><td colspan="2"></td></tr>
</table>

思考题

1. 科研课题确立的意义何在？
2. 选题的基本原则是什么？
3. 常见的选题路径有哪些？
4. 课题表述应注意什么问题？
5. 试确立一个好的幼教研究课题并撰写课题论证报告。

第三章 经验总结

教学目标

1. 理解经验总结的含义、特点和意义；
2. 了解经验总结的类型和基本要求；
3. 掌握群体经验总结和个体经验总结的操作程序；
4. 能结合幼儿教育的经历尝试就某一方面的经验总结成文。

经验总结是教育研究活动中一种传统的，也是广大教育工作者最常用的研究方法。它是积累教育知识、改进教育工作、发展教育科学的重要手段之一，在教育研究中有着重要地位和作用。本章就经验总结的含义、作用及操作步骤等作简要介绍。

第一节 经验总结概述

一、教育经验与经验总结

1. 教育经验及其价值

经验是人们在实践过程中，通过自己的感官直接接触客观事物而获得的感性认识，它是人们在实践过程中与环境相互作用的结果。而教育经验则是人们在教育实践中的产物，是教育工作者在从事教育教学的实践过程中对“教育存在”所形成的感性认识。它同教育的理性认识相比，具有生动、具体和分散的特点。

教育经验是教育实践与教育理论的一个中间环节。一方面，人们正是通过教育实践获得了教育经验，然后进一步将教育经验上升到理论认识的高度，获得相应的教育理论。另一方面，来源于教育经验的教育理论虽然揭示了教育的规律，对教育实践具有比较广泛的指导或示范价值，但由于其抽象性强，直接应用性差，要真正发挥教育理论指导教育实践的作用，还须将抽象的理论具体化为生动实在，可以直接模仿、学习，容易被教师接受的教育经验，唯此，才能为教师所直接采用。

教育经验在教育科学发展中的价值，可以进一步概言之，它既是产生教育理论的源泉，也是检验教育理论的试金石。

2. 经验总结的含义

在不受控制的自然状态下，依据教育事实，分析概括教育经验，使之上升到教育理论高度的研究方法，就是人们普遍使用的经验总结。

这里所指的教育经验，从它的社会化程度可分为个体经验和群体经验，其中个体经验可以是研究者本人的，也可以是别人的。个体经验是指个人在教育实践中获得的独特经历和体验，带有较强的个性化色彩。群体经验则是许多人共同创造的经验，往往表现为习俗或惯例。从其效用上分，教育经验既有成功的经验，也有失败的经验。成功的经验可以使人们的活动顺利达到目的，失败的经验可以指导人们去另辟蹊径，不再犯同样的错误。

经验总结与行动研究有其相似之处，同是一种与教育实践活动密切联系在一起的研究方法，但两者在研究路径上却有明显的不同，经验总结一般是由果溯因（在已知结果的基础上追溯形成结果的原因），行动研究是由因溯果（事先建立一定的研究假设，然后制订计划去验证假设）。

二、经验总结的特点与类型

1. 经验总结的特点

与其他类型的教育研究相比较，经验总结具有以下特点。

（1）研究方式的回溯性。经验总结的研究对象是教育经验事实。相对于教育实践活动，教育经验事实的产生带有相应的滞后性。因而，一般是在实践活动告一段落之后，才综合运用多种方法对这些已出现的经验事实进行回溯的研究，并得出相应的研究结果。

（2）操作程序的便易性。经验总结既不像实验研究那样有严格的假设和实验因子的人为控制，也不像教育调查研究、观察研究那样研究结果偏重于事实材料。它不需要特别的研究条件，主要是在自然状态下进行的，侧重于感性认识、主观体验和感受。其操作程序简单明了易于掌握，特别适合于一线的幼儿教师在自己的教育实践中采用。

（3）研究结论的具体性。作为研究对象的教育经验总是在特定的条件下产生。在研究过程中，研究者必须以教育经验产生的具体过程和具体条件为研究的基本内容，而无法按科学研究的要求来扩大研究范围，或随机选取研究的被试，研究所形成的结论只是对经验产生者所产生的经验的过程与条件的直接分析和概括，而且对结论的解释也不能离开这些具体因素。由此可见，教育经验总结形成的结论是具体的。

［**例**］某新入职的幼儿教师这样写道：从毕业到入幼儿园做幼儿教师已经快一年了。在这段时间以来，我逐步适应了幼儿园的生活，也用爱心打开了孩子们的心扉，尽管没完全走进他们每一个人的内心深处，但那一扇扇纯真的心灵之门已经向我敞开。从入职面对幼儿无休止的哭闹，到在成熟型教师的帮助下控制局面，再到自己独当一面，我终于知道如何应对幼儿入园适应方面的问题了。根据将近一年的教育教学经验，我认为以下几条策略对应对幼儿的入园哭闹行为具有重要价值：①学会转移幼儿的注意力；②及时引导和控制哭闹严重的幼儿，防止哭闹情绪感染；③及时帮助幼儿掌握幼儿园的基本生活的基本能力，如初步的生活自理能力、交往能力……

从以上案例不难看出，个体的教育经验总结往往是教师通过对自己具体教育教学活动经历的回顾、反思，并将自己认为有价值的感悟用简易的文体呈现出来，以便为其他教师有选择性地采纳和使用。明显地，这种研究法具有研究方式的回溯性、操作程序的便易性、研究结论的具体性等特点。

2. 经验总结的类型

按照不同的分类标准，经验总结可分成不同的类型。

从经验创造者的角度分类，经验总结可分为“个体的经验总结”和“群体的经验总结”。前者是指个体对自身所经历的实践活动的经验所作的总结，后者是指群体对他们自己所经历的实践活动的经验所作的总结。

从经验包含的内容分类，经验总结可分为“专题性的经验总结”和“综合性的经验总结”。前者指经验主要涉及某一问题或课题，由此做比较深入、系统、揭示其内在规律的总结；后者指经验并不局限在某一问题，而是对一类问题或现象做比较深入、系统、揭示其内在规律的总结。

从经验反映的时间分类，经验总结可分为“历史的经验总结”（指对历史文献记载和过去相对较长一段时间的经验的总结）和“现实的经验总结”（指对当前客观现实经验的总结）。

从经验的科学性水平层次可以将经验总结分为“实践性经验总结”、“一般性经验总结”和“科学性经验总结”三个层次。下面重点介绍不同层次教育经验总结的特点及科学价值。

（1）实践性经验总结。实践性经验总结，又称具体经验总结，是指以具体的实践事实为基础，总结某次或某项活动的经验，如“开展家园活动的几点做法”“幼儿散文诗《秋天的落叶》的电教尝试”“一节表演游戏观摩活动的启示”等。具体经验总结的内容生动具体，易于学习和仿效。它往往只是一种初步的经验总结，一般是为了积累某些经验，以便为进一步总结经验准备资料。

实践性经验总结撰写的内容与方法为：教育活动过程＋效果＋体会。其中，在“教育活动过程”部分，应对该活动的目的、内容和过程，以及人员的参与情况等作明确交代；在“效果”部分，则应着重记述该活动后参与者的反应、收获，是否达到预定的目标等等；“体会”部分则主要介绍活动组织者的感受，对此项活动优越性的认识，即具体经验之所在。

（2）一般性经验总结。又称基本经验总结，指以具体经验总结为基础，从中概括出一种或一类活动的基本经验总结，如对某门课程的一般教学经验总结。这种经验总结较为完整和全面，具有普遍性意义，可以为一类教学活动提供参考和经验借鉴。

一般性经验总结必须在具体经验的基础上才能形成，而且必须有较长时间的总结和扎实的基础材料，才能形成较稳定的“看法”与“观点”，其已基本具备了良好经验总结的要素，在科学水平上高于具体经验总结。

（3）科学性经验总结。科学性经验总结是经验总结的最高层次，它是在一般性经验总结的基础之上进行抽象、概括的分析，揭示经验的内在联系与规律性，并全面、准确地将感性认识上升为理性认识，将经验上升为理论，是具有高度的科学性的经验总结。如前苏联教育家苏霍姆林斯基的学生全面和谐发展理论和他的名著《给教师的一百条建议》；我国上海青浦县教师进修学校顾泠沅老师的专著《教学经验的筛选方法》，江苏省南通师范第一附属小学特级教师李长吉的《李长吉情境教学理论与实践》等，即为科学性经验总结。

三、经验总结的意义

经验总结具有悠久的历史，我国古代第一部教育专著《学记》，就是对先秦时期教育实践经验的总结概括而成的。目前，广大教育工作者仍常用经验总结从事教育研究工作。经验总结的意义与作用可概括如下：

1. 有助于丰富和发展教育理论

总结经验能为概括与提升教育理论提供观点和素材。一方面，丰富多彩的教育实践活动是产生和形成教育理论的源泉和基础，对教育实践经验的科学总结，能够获得对教育教学过程的规律性认识，为已有的教育理论增添新的内容；另一方面，对教育经验的总结需要理论指导，总结经验的过程，也就是运用理论、检验理论、丰富和发展理论的过程。教育经验总结尤其有利于适合国情的、富有时代特色的教育理论观点的形成和发展。

2. 有助于提高教育行政部门和研究人员的工作效益

教育行政部门和教育管理人员在贯彻执行教育方针政策的过程中，一方面要亲自深入实际，调查研究，了解情况，发现问题，及时总结实际工作中的经验；另一方面要有目的地组织基层单位和研究人员对有特色、有成效的实际工作进行专题经验总结。经验总结的过程不仅能帮助领导者和研究人员掌握教育实践的第一手材料，做到心中有数，从而能更具有针对性、更有效地发挥教育行政部门的职能作用和研究工作的指导作用。如教育发展规划的制订、教育结构的调整，如果缺乏细致周密考察，不总结先进经验，就难免脱离实际，造成主观盲目的失误。

3. 有助于找准教育研究深化发展的起点

在教育研究中，经验总结虽然不能得到像实验研究的结论那样精确的结果，但经验总结有着广泛的群众基础和丰富的实践来源。经验来自教育教学实践，反映了教育教学过程的本来面目。教育科学研究人员不仅应从经验总结的全过程中增长见识，提高能力，而且还应从经验总结中发现新一轮教育研究的起点。比如，曾获得各方面的认可、取得了极好的效益的上海市青浦县教研室提出并实施的初中数学“尝试指导、效果回授”实验研究，其两个主要自变量正是来自对全县初中数学教师有效教学经验的总结。

4. 有助于增强教师业务素质，提高教育质量

教师的业务素质既与他们接受的教育与训练有关，也与他们能否自觉地、有意识地不断总结和认识自己与他人的教育教学经验有关。因为知识就是对经验的概括总结，经验总结的过程本身就是认识过程、提高过程。实践表明，一个善于总结经验的教师，往往能从更高远、更广阔的层面上掌握更多的教育教学规律，从而取得较好的教育教学效果。

但经验总结也有其自身的局限性：①所得到的结论一般是定性的、描述性的，因而在推广时有一定局限性；②经验产生于具体条件下，其有效性受制于现实环境，超过了一定的范围或当实践的环境和条件发生变化后，其推广的有效性就会降低；③经验本身和经验总结的过程均难以避免主观性，与观察研究和实验研究相比，它的客观性相对较低。

第二节　经验总结的操作程序

经验总结的类型不一，其对具体经验内容的总结的程序也不尽相同。这里着重就群体经验总结与个体经验总结的程序与要求阐述如下。

一、群体经验总结的操作程序

1. 确定研究课题与对象

研究者要根据经验总结的目的与任务，从实际出发，确定好适宜的研究课题与具有代表

性的研究对象，有组织、有计划地总结经验。

一般说来，经验总结应以成功的教育经验为前提来确定研究对象，这些成功的教育经验既可以是个人，也可以是集体；既可以是一所幼儿园，也可以是一个区域等。但有时为了全面考察教育的实践过程，特别是教育行政部门在贯彻教育方针政策或实施教育改革方案等方面，就需要总结正反两方面的经验与教训，为此，所选择的对象常常包括好、中、差三种类型，其研究范围既有“点”，也有“面”。“点”与“面”结合，能获取完整的经验，总结的经验也更有说服力。

2. 掌握相关资料

在研究对象与课题确定之后，就要围绕经验总结的中心内容，广泛收集、翻阅有关方针、政策、上级文件与指示、国内外研究动态，以及被研究对象的历史与现实的资料。这有利于研究者进一步明确总结经验的指导思想、目的任务和方法步骤，同时也能够避免盲目摸索或重复已有成果，以提高经验总结的功效。

显然的，熟悉和掌握必要的相关资料的目的，是为总结经验提供可靠的依据，而不是因袭前人的经验成果。因为总结经验的本身，就具有寻求真理、革新创造的意义。可见，只有总结出新经验、新理论，才能指导教育实践活动，产生效果。

3. 制定总结计划

总结计划是总结经验过程的构想，它包括了总结的起始、程序、实施、分析和综合，以及总结的验证等内容。要制定出一个切实可行的总结计划，一是要明确经验总结的目的、任务和基本要求，经过反复研究讨论，在统一的指导思想下提出计划的初步方案，经由经验总结者与确定对象的负责人或个人一起讨论通过。二是组织力量，合理分工，职责明确。三是制定总结计划要留有余地，要充分考虑实施计划的可行性，因为计划要付诸实践，常常会出现事前难以预料的问题，有必要及时补充或修改原定计划，使之适应经验总结的实际情况。

4. 收集具体事实

总结经验要以具体事实为依据，离开了具体的事实，总结出来的所谓的“经验”，将成为“空中楼阁”。因而，能否如实地反映客观事物的本来面目，显得尤为重要。

如果要总结的是自己的经验，那么，在平时就要重视第一手资料的积累、原始经验的记录。在记录时要严格遵循客观性原则，力求做到真实、准确、实事求是。对经验所带来的效果不要随意夸大，对实施的方法和手段不要随意更改。

一般来讲，一项经验记录应该包括以下几方面内容：①问题或现象的具体阐述，如时间、地点、人员，问题产生的原因或背景。②对问题的分析和判断。③解决问题的具体方法。④解决问题的实际效果。⑤对不可控因素影响的估计等。有些教师平时不重视资料的积累，临时回忆，就会影响经验的全面性和准确性。

如果要总结的是他人的经验、集体的经验，那么就必须深入实际，去进行一番扎实细致的调查研究，以掌握全面的原始的第一手材料，让事实说话，防止主观主义、闭门造车。

在收集资料时，要做好以下几点：一是订好计划。要根据总结的要求，事先考虑好需要哪些资料，同类资料要有多大的量；从哪些方面、从哪些角度去收集资料才能达到要求等。二是开好座谈会或做好问卷调查。要从不同角度召开各种座谈会，听取多方面的意见，包括正面的和反面的意见。另外，为消除顾虑和便于统计，可开展问卷调查。三是查阅有关的材料。如教育教学活动计划、教案、会议记录、幼儿作品、成果汇编、录音录像等等。总之，收集资料是一项细致而艰苦的工作，研究者要有吃苦和负责精神，使收集的资料做到系统、完整、全面。

5. 进行分析和综合

分析与综合是经验总结中的由具体事实上升到理论观点的重要环节。在充分占有大量客观事实的基础上，只有运用分析、综合的逻辑方法，才能使获得的事实材料条理化、系统化。

在对教育经验进行分析、综合时，首先，要按照经验总结的目的要求，对事实材料严加审核、去伪存真、去粗取精，以保证事实材料能真实反映客观外在。其次，要认真分析实际材料本身所提供的普遍意义和社会效果，分析哪些做法有所创新，哪些方面有待考察，经过初步的分析加工，为事实材料的概括上升提供可靠的依据。第三，要准确、严密地运用判断、推理、抽象、概括等思维方式，从丰富多样的事实中引申出精炼、正确的观点或结论，以便进一步将丰富的实践上升到教育科学理论的高度。

同时，应认识到教育实践活动是由多种因素构成的，因此在总结经验时应对教育环境进行全面的了解和分析，将创造教育经验的环境和相关准备条件也看做是教育经验的有机组成部分。例如，总结某一幼儿教师教学效果好的经验，不仅要分别地比较其教学效果方面的指标，还应对教师的个人特点、幼儿素质、教学方法的前后变化、幼儿园教育管理方面的配合等方面的情况进行全面的分析，这样得出的结论才更可靠，更便于推广。

6. 组织论证

经过分析综合之后，一般就可以写出初步经验总结的草稿或详细提纲来。接着，就应以经验总结者为主体，邀请教育主管部门的领导、教育专家、教育理论工作者、教师等有关人员参加，召开大型或小型总结经验论证会议。对于总结内容广泛，涉及社会其他行业的问题，亦应邀请相关单位部门的负责人参加论证。

论证会要达到预定的目的，取得论证的效果，必须做好如下工作：

(1) 要提供比较完整的初步总结报告或详细提纲，最好在会议召开之前发给参加论证人员，使他们了解经验总结的内容，提前做好准备。

(2) 组织论证要以小组讨论为主，使与会人员都有充分发表意见的机会，可以采取个别征求意见的方式，集思广益，吸收真知灼见。

(3) 要充分发扬民主精神，形成学术讨论的气氛，提倡不同观点的争议，接受与会者的质疑、提问和辩解，对于议而不决、难以统一认识的重大问题，要认真记录、专题整理，以备进一步讨论用。

(4) 经过论证，其结果有认可、基本认可和不予认可三种情况。对于前两种情况应充分听取与会者的意见进行修改补充，完善经验总结报告或论证提纲；对于后者则要慎重分析研究，认真寻找被否定的根本原因，根据坚持真理、修正错误的原则，分清是非，可改可不改的权衡利弊，最后作出正确的抉择。

(5) 论证会应有简要的小结，小结时要概括说明与会者提出的意见和建议，评价经验总结报告的主要内容及修改意见，对于有争议的问题亦应作必要的说明。

7. 撰写经验总结报告

这是经验总结的最后阶段。一般应在经过论证的经验总结初稿的基础上，进行精心的加工修改，从内容到形式反复推敲，写出正式的书面经验总结报告，并根据经验总结的性质，或呈报上级行政主管部门审定核批，或印发给有关单位和个人，或向教育专业报刊投稿，以获得经验总结的社会效益。

二、个体经验总结的操作程序

个体经验总结指的是教师个体教育专题经验总结，是教师本人对自己实际教育教学实践的某一方面进行专项回顾、分析与研究，从中概括出某些成功或失败的经验，以更好地改进今后工作或供他人借鉴。个体经验总结的操作程序如下。

1. 寻找总结角度

对同一事例的考察角度不同，其所得出来的结果也往往是不同的。同样的，对于某一专项的成功经验，如果总结者所选取总结的角度不当，也可能会使本是属于优秀的教育经验流于一般的水平，影响到经验的可借鉴性。

找准一个较好的角度去总结自己在某一方面丰富经验的基本要求与考虑因素有以下几方面：

(1) 应通过查阅有关的文献资料，弄清楚自己所要总结的某一方面的经验，以及所选取的角度是否已有人做过？他人在深度或广度等方面总结得怎么样？

(2) 在所要总结的这一教育专题经验中，哪些经验是总结者本人体验最为深刻的？哪些经验是最令总结者感动的？

(3) 在所要总结的这些经验中，哪些方面是人们最想了解的，或最感兴趣的？

(4) 在这些经验中，总结者觉得应该从哪一个角度去总结更为顺手、更好驾驭？

2. 谋划篇章结构

总结角度选好后，通常需要做好总结篇章结构的安排工作。谋划篇章结构的基本要求：

(1) 应围绕经验总结的角度，将相关的材料搜集记录起来。这些材料主要指的是平日所积累的活动计划、教学笔记、观摩评议、阶段小结等相关的文字材料，以及总结者本人一些已形成的、尚未文本化的体会等等。

(2) 应考虑好经验总结所需的材料的具体呈现方式，即采用何种方式来表述所要总结的经验。作为教师个体教育专题经验总结的文体结构“有‘法’而无定‘法’”，它常随着具体内容和要求而有所变化。但不管是采用何种方式，总的原则是能将所要总结的经验表达清楚即可。

从期刊所刊发的教师个体教育专题经验总结的文章来看，最为常用的是“引言＋小标题”格式。这种格式是在文章的开头有一小段简洁的引言，主要是点出所要总结的经验的范围及意义，正文部分则是采用若干小标题的形式来统领每一部分的内容。采用这种文体格式应注意的事项主要有：

第一，要保证各分论点（各小标题）与总论点（题目）相统一，不能出现“头大身小”（题目太大，各小标题所论述的仅是该题目的某一部分内容），或“头小身大”（题目太小，各小标题所论述的已超过该题目所应涵盖的内容）等现象；各小标题（各分论点）要与事实材料相统一，即应明确哪些材料是支持、论证哪些观点的。

第二，各小标题间的逻辑关系在同一层级上不能出现交叉、重叠或包含的现象。教师个体教育专题经验总结的文章结构较为常见的是并列式和递进式，篇幅较大的也有采用复合式的结构，即并列下有递进，递进下有并列等。如果文章的逻辑结构是呈并列关系的，则文中的各小标题间的顺序无明显的先后，一般是可以随意调整的。而呈递进关系的文章，其各小标题间具有明确的先后顺序，前一个小分论点是后一个小分论点的基础，如果随意调整则会在结构上犯逻辑错误。

第三，各小标题的表述应力求精练，要能起着统领各部分事实材料的作用；观点要鲜明，让人一看就知道本段落所要表达的主要内容是什么。此外，在各分论点的遣词造句上，若能考虑到形式美，则不仅便于记忆，同时也会让人感到一种工整的美。

3. 讲究表述技巧

教师个体经验总结的表述思路通常包括三个基本要素，即“是什么”“为什么”和“怎样做”。在个体经验总结的表述中，对“是什么”和“为什么”这两要素的叙述，一般只要求能说明清楚即可，点到为止。但在“怎么做”这部分则往往需作较详细的阐述，有时也可以结合典型的例子来说明。

有的教师因缺乏表述的技巧，在其所总结的经验文章中，还没有交代清楚“是什么”这一要素，就直入“怎么做”的问题。这会使人觉得很唐突，也不便于读者弄清楚该作者所总结的经验到底是什么，或总结的是哪一条经验。有的对“为什么”这一要素，缺乏交代或交代不清楚，没有运用一定的理论知识来进行必要的分析说明，大大地削弱所总结的经验的说服力。有的教育专题经验总结之所以会让人感觉到是有“经验”（教育活动现象的描述），无“总结”（运用一定的教育理论来分析各种教育现象）的原因，除了总结者本人的表达过于零碎、不够概括外，更为主要的可能就在于此。

4. 进行精心修改

教师个体教育专题经验总结的修改思路一般是“先整体，后局部”。整体把握主要是对文章结构的逻辑关系进行考察，具体考察的主要内容是：总论点与分论点是否统一，观点与材料是否统一，各分论点间（包括各阶段间）的逻辑关系是否清晰等；而局部把握所考察的主要内容则是文句的表达是否准确到位，是否通顺、精练、无语病（包括标点符号的运用是否正确）等等。

初稿写成后，至第一遍全面的修改，最好是先搁置一段时间，待思维从“初稿”的状态中脱离出来后，再进行修改，这往往比较容易发现问题。至于何时才算是定稿，通常可采用两条自我检测的标准：一是总结者觉得自己已将所要总结的经验都表达了出来；二是总结者作这样的表达读者看得懂（即总结者已将所要总结的经验表述清楚）。如果自我检测的结果满足了这两条标准，则可以宣告定稿。

以下以某教师一篇教育经验总结《提高大班幼儿做事效率的四种有效方法》为例，说明个体的教育经验总结的文体格式。

有不少家长反映孩子在家做事情很拖拉，吃饭很慢，穿衣服也是慢条斯理的。在与孩子接触时，也发现确实存在这些做事效率较低的现象，最为明显的就是未能按时完成一定的作业任务。我们认为，若能在平时的活动中有意识地对幼儿进行提高做事效率方面的教育，既有利于幼儿去体验成功的喜悦，增强自信心，又是具体做了幼小衔接工作。现就本人所实践并体会的关于提高大班幼儿做事效率的有效方法浅谈如下。

(1) 干预法。干预法是指在幼儿做事的过程中，成人采用有效的形式给予必要的提醒、暗示和监督，以帮助幼儿及时地完成一定的任务，从而提高幼儿做事效率的一种方法。这种方法一般运用于尚未形成较好的任务意识或虽已有一定的任务意识，但自觉性较差的幼儿。根据干预所采用的形式，我们可以将之细分为“语言干预法”和“图示干预法”两种。

“语言干预法”就是借助语言进行必要的提醒与监督。它通常可分为两种方式：一是教师的提醒，即教师通过事先适当的提醒和暗示，以提高幼儿的任务意识，预防幼儿出现效率低下的现象。教师的提醒是否有效取决于教师是否充分了解幼儿做事效率低下的原因。比如，同是属于进餐偏慢的幼儿，有的是因为喜欢含着饭，四处张望；有的则是吃饭时总爱挑挑拣拣……由此可见，教师督促、提醒幼儿加快进餐速度所采取的方法、方式应因人而异。如，有的可以通过表扬进餐速度快的幼儿，间接地对之予以暗示；有的则可以直接告诉他进餐的时间快结束，请吃快一点。而提醒的时机则可以在进餐前，也可以在进餐的过程中。二是幼儿的监督，即每天在班上设立一名“小小效率监督员”，并佩戴醒目的标志（如“胸卡”等)，由该幼儿负责督促全班小朋友的做事效率，必要时教师应加以提醒、帮助，以使其能更好地履行职责。这种幼儿监督的干预方式试用一段时间后，我班幼儿的任务意识与做事效率有了明显的提高，例如在餐后排队散步时、在收拾整理玩具时，他们都能互相监督，因此队伍排得快又静、玩具收拾整理得快又好。

“图示干预法”就是将班上幼儿能接受的、科学合理、有效的活动规则，通过图画的形式来展现。有一位幼儿画了这样一幅图，图上只有一张圆嘟嘟的嘴巴，嘴巴中间竖着一根手指头和一颗不规则的红心，他说：“我这张图画是在告诉大家——嘘！请安静!”由于这种方法图文并茂、通俗易懂，班上的孩子都能欣然接受。在实施过程中，大家都能干劲十足地竞相按照这些图文的要求去做，一改往常散漫、拖拉、做事漫不经心的懒散状态，有效提高了做事的效率。

(2) 激励法。激励法是指教师对做事效率较高或有进步的幼儿进行精神上或物质上的奖赏。该方法能有效地激励幼儿做事的热情，激发他们的内在潜能，使他们进入一种良性的循环之中，因而也是教师较常用的、见效快的一种方法。

激励法可分为精神激励法和物质激励法。在具体运用时，一般是以精神激励法为主，物质激励法为辅。(略)

(3) 互助法。互助法，就是互相帮助，它既能提高幼儿的做事效率，又能提高幼儿的合作能力。互助法的具体运用有两种情况。(略)

(4) 练习法。练习法是针对幼儿的某一弱项，设置好相应的情景、提供相关的材料，让幼儿进行有针对性的练习，以期能熟能生巧、巧而“提效”的一种方法。采用此方法时，教师应注意以下事项：第一，应注重环境的创设，如可以人为地创设特定的环境或抓住各种生活情景有针对性地投放材料，以提高练习的针对性；第二，利用幼儿的好胜心，借助幼儿的兴趣点，激发他们练习的欲望，调动练习的主动性和积极性；第三，练习所采取的形式应是幼儿可以理解和乐于接受的，注意尽量提高练习的乐趣，让幼儿在乐中练；第四，练习的难度要适中，要循序渐进，以便让幼儿能够在练习中慢慢地尝到成功的甜头，获得成功感、愉悦感，从而促使幼儿不厌其烦地摸索练习。(略)

总而言之，要达到有效的练习，就应关注幼儿现有的能力水平和练习进程中的情感体验。（略）

上述案例，经验总结题目表述明确，引言简洁有说服力，所总结四种有效方法之经验具体可信，既阐述了具体的做法与程序，也交代了某一种具体做法的作用与理论依据，对一线幼儿教师教育实践有一定的借鉴意义。文章行文规范，是一篇有经验有总结的范文。

第三节　经验总结的基本要求

一、对象的代表性

经验总结成果的普适意义，是由其研究对象的代表性水平决定的。只有选择有代表性的研究对象，其所总结出来的经验也才有更多的共性，才能上升为一般理论，进而收到指导教育实践的效益。判断经验总结对象代表性有三条标准：

①看研究对象本身所提供的主要内容是否具有广泛的群众基础，能否对现实中提出的问题给予比较全面的回答或说明。

②看研究对象的经验能否起到典型示范，发挥以点带面、推动全局的作用。

③看研究对象的经验的实际效果，认真分析它在教育教学改革中的真实的现实意义，绝不能人为地树典型，搞“泡沫经验”。

二、考察的全面性

教育是十分复杂的社会活动，任何教育的成功都不是单因素所能奏效的。因此，在总结教育经验时绝不能一叶遮目、只见树木不见树林，否则，不仅搜集的资料不够全面系统，难以真正揭示出教育内部的必然联系，可能还会歪曲事实真相，形成错误的理论，误导教育实践。

考察的全面性要求研究者，一是应运用多种方法和手段从不同的角度和方向，客观、系统、全面地做好材料的搜集工作；二是在整理和分析材料时，要有整体观念，注意研究对象的各个方面以及它与其他事物的相互联系、相互依存、相互作用的关系，从事物的整体结构系统中认识客观事物。

三、分析的深刻性

研究者在面对所搜集到的大量材料和事实时，一是必须坚持实事求是的科学态度，做出客观、公正的评价；二是必须从客观事实出发，正确地处理好现象与本质间的关系，要善于抓住本质，总结出符合客观规律的结论。

四、结论的创新性

对教育经验进行总结的主要目的，就是要将经过教育实践中所获得的感性认识上升到新的教育理论，形成新的教育观念，进而指导教育实践工作。鉴此，研究者要有创新的意识，要改变陈旧的思想观念，要善于从经验中引申崭新的教育理念与理论观点，避免“旧瓶装新酒”的做法，而使经验总结失去理论与实践的效益。

思考题

1. 什么是经验总结？经验总结的特点是什么？

2. 开展经验总结的意义是什么？群体经验总结的操作程序是什么？

3. 经验总结的基本要求有哪些？

4. 从专业期刊选择三篇一线幼儿园教师撰写的教育经验总结的文章，分析该文章所总结的个体经验有哪些方面，从几个角度进行总结。

第四章　观察研究

教学目标

1. 了解观察法研究的内涵、特点以及实施的步骤；
2. 掌握观察研究分类；
3. 掌握观察的记录方法。

第一节　观察研究概述

观察是人类认识外在事物、现象最古老、最普遍的一种研究方法，也是幼儿教育研究最基本、最常用的方法之一。在幼儿教育研究中，研究者经常通过观察幼儿的言语、行为等外在表现，搜集事实资料并加以分析，从而获得对特定事物的本质的认识。

一、观察法的含义与特点

1. 含义

观察研究是指研究者通过感官或借助于辅助工具，有目的、有计划地对自然状态下的教育现象（如教师、幼儿的某种心理活动、行为表现等）进行感知、记录、分析，从而获得对事物的本质认识的一种科研活动。

观察是用眼睛注视现象的一种行为，在日常生活中经常发生。“观”指看、听等感知行为，“察”即洞察，是分析研究。观察中的洞察非常重要，只有在“观”的基础上认真洞察，才能分析出有价值的信息。教师每天会碰到许多教育现象，但只有“观”而没有“察”，不进行思考、洞察，导致教育教学时习惯于经验操作，不能有效地进行教育教学的创新。

2. 特点

观察是人们日常生活中最普遍的行为，但是观察作为科学研究中收集资料的一种方法和技术时，它和日常生活中的观察仍然有很大的差异。一般来说，作为科学研究的观察具有如下特点：

（1）目的性。幼儿教育研究中的观察是科学观察，它不同于日常观察。日常观察是随机的、自然的感知，没有目的，而科学观察是有目的的感知活动，它是根据研究课题的需要，为解决某一问题而进行的。其核心任务是有目的、有意识地搜集并分析反映观察对象的事实资料。

（2）计划性。在实地观察之前，研究者应根据需要有意识地制定研究计划，对观察的对象要有确定的范围、明确的指标，以求全面地把握观察对象的各种属性，即对观察的时间、对象、范围、仪器、记录方法、过程、注意事项、变通方法等都有事先的计划、安排，保证观察有计划地进行。

（3）选择性。研究者必须在确定的范围内去收集所需要的资料，必须选择特定的对象进行重点观察，即在一定时期、一定地点，对一定对象进行观察。只有根据研究课题确定观察对象，研究者才能收集所需要的重要资料。

（4）自然性。观察强调在“自然状态”下，即真实教育教学情景中进行，对观察对象不加任何干预和控制。与实验法相比较，观察中观察对象的行为表现比较自然，从而保证获得的资料真实可靠。观察中，研究者应努力避免妨碍事件自然发生的一切因素。

（5）客观性。观察获得的事实能够如实地反映客观外在，正所谓“眼见为实”，同时，基于客观事实资料的分析导出的结论具有一定的可靠性。

二、观察在幼儿教育研究中的作用与局限性

1. 作用

观察在幼儿教育研究中有着重要的作用，它是发现问题、提出问题的前提，是产生、检验理论假设的重要手段。具体地说观察作用如下：

（1）可以积累研究资料。观察可以提供反映幼儿教育现象、事实，幼儿行为、幼儿教师教育教学行为的详细的第一手资料。它通过有目的、有计划地对幼儿教育现象及其变化发展过程进行深入细致地观察，从而获得该事物比较充实、比较客观的事实材料，并基于事实资料的分析确定影响教育现象发展的因素提出有针对性解决问题的方案。

（2）可以发现问题。幼儿教育领域有许多新问题有待去探索和发现。通过观察，可以捕捉信息，发现新问题。如教师通过观察发现，新入园幼儿怕生、不合群、拒绝进食、午睡困难，经过进一步的分析就会发现幼儿入园焦虑这一问题。

（3）可以验证假说。爱因斯坦曾说过：“理论所以能够成立，其根源就在于它同大量的单个观察关联着，而理论的‘真理性’也正是在此。”从这个意义上说，观察是检验幼儿教育科学理论、假说正确与成立与否的重要手段。

2. 局限性

观察研究除了上述重要作用之外，还体现这些特点：一是辅助其他研究方法搜集、验证事实资料；二是不干预观察对象的活动和行为表现，不会产生不良后果；三是方便易行，操作要求相对较低。但由于观察是在自然条件下进行，必然会受到错综复杂的各种各样的偶然因素的干扰，加之，研究者原则上不能支配和控制观察对象及其发展过程，从而带来了以下几方面的局限：

（1）并不是所有的幼儿教育现象都可以通过观察收集资料，例如，涉及家庭活动、个人心理、个人隐私的问题，是不宜采用或不可能采用观察进行研究的。

（2）易受研究者的主观因素影响。研究者自身的素质、修养、态度、心情变化等，可能使观察发生偏误，从而影响观察的效果、质量和客观程度。

（3）研究者不易把握影响观察对象变化的内在因素和外部条件，较难确定所观察现象的因果关系。因此，不能判断“为什么”这一类因果关系的问题，只能说明“有什么”和“是什么”的问题。显然，这样会影响研究的信度。

（4）观察研究往往范围不大，样本较少，在研究对象数量多且分散的情况下难以应用。

因此，要将研究结论推导到其他总体时，就要考虑到他人的研究情境是否一样。

三、观察研究类型

观察研究从不同角度可以分为不同的类型，详见表 4-1-1。

表 4-1-1 观察研究的类型

分类标准	类 型	特 点
以是否通过中介物为标准	直接观察	指通过感官（眼、耳、鼻、舌、身）在事发现场直接观察客体
	间接观察	其一指以感官通过某些仪器来观察客体，其二指对某事发生后留下的痕迹进行推测的观察
以观察者是否参与被观察者的活动为标准	参与性观察	观察者不同程度参与被观察者的群体和组织中，共同生活并参与日常活动，从内部观察并记录观察对象的行为表现和行为过程
	非参与性观察	观察者不参与被观察者活动，不干预其发展变化，以局外人身份从外部观察并记录观察对象的行为表现和行为过程
以观察对象是否受控制为标准	实验观察	观察者对周围条件、观察环境、观察对象等观察变量做出一定的控制，采用标准化手段进行观察
	自然观察	对观察对象不加控制，在完全自然条件下进行的观察
以是否有统一设计、一定结构为标准	结构式观察	观察指标体系明确具体，严格对观察行为分类，下操作性定义，预先制定观察记录表格进行的观察
	非结构式观察	无周密的观察计划，结构较为松散的观察

1. 直接观察和间接观察

以是否通过中介物为标准，可把观察分为直接观察和间接观察。

（1）直接观察。直接观察是指通过感官（眼、耳、鼻、舌、身）在事发现场直接观察客体的一种观察。如研究人员不带任何仪器设备随堂听课，边听、边看、边记录。直接观察的优点在于观察者能身临其境，感受直观、真切，有助于形成对观察对象的整体认识，适合于在实践第一线的幼儿教师应用。这种方法比较简便，但人的视野与精力有限，记录难以精确全面。

（2）间接观察。间接观察是指借助一定的仪器或其他技术手段，如用电影、录音、录像、照相等设备，间接地对被观察现象或行为进行考察，从而获取事实资料的一种观察。相比较而言，间接观察突破了直接观察中观察者的感官阈限，实录的资料可供日后重复观测和反复分析。因此，这种方法使观察更精确。

2. 参与性观察和非参与性观察

以观察者是否参与观察对象的活动为标准，可把观察分为参与性观察和非参与性观察。

（1）参与性观察。参与性观察是指观察者不同程度参与观察对象的群体和组织中，与观察对象发生联系，共同生活并参与日常活动，从内部观察并记录观察对象的行为表现和行为过程，从而收集与研究有关的资料的一种观察，如观察者参加幼儿游戏活动，在活动中观察幼儿的游戏行为。

参与有两种方式：一是观察者公开自己的真实研究身份，参与到观察对象的活动中去；二是观察者隐瞒自己的研究身份，以一个普通活动者的角色参与到观察对象的活动中去。参与性观察缩短了观察者与观察对象的心理距离，对观察对象的活动就有了比较深入的体验和理解，这样有助于理解观察对象背后的心理活动和动机，能够获得较深层次的资料。

（2）非参与性观察。非参与性观察是指观察者处于被观察的群体或现象之外，完全不参与其活动，尽可能地不对群体或环境产生影响的一种观察。形象地说，非参与性观察就是“冷眼旁观”或“坐山观虎斗”。最理想的非参与性观察是观察者隐蔽起来，使观察对象一点也意识不到有观察者在场观察他们。例如，对幼儿伙伴关系的观察采用非参与性观察，其效果比较好。非参与性观察不受主观因素影响，但是不能深入到观察群体当中去，可能会使观察限于表面化，难以获得深层次的材料。

3. 实验观察和自然观察

以观察对象是否受控制为标准，可把观察分为实验观察和自然观察。

（1）实验观察。实验观察是指观察者对周围条件、观察环境、观察对象等观察变量做出一定的控制，有目的地引起观察对象的某些心理现象，以便在最有利的条件下对他们进行观察，搜集有关研究资料的一种观察。由实验法特点决定的这种观察有严密计划，能克服因观察者主观选择而产生的误差，有利于探讨事物内在因果联系，但由于对环境条件的人为控制难度较高，实施起来较困难。

（2）自然观察。自然观察指在现场自然情景中，观察者对观察对象不加干预和控制的状态下，观察观察对象的各种心理活动和行为表现，搜集研究资料的一种观察。自然观察通常采用纸和笔对自然行为的偶然现象或系统现象作描述性记录。自然观察能收集到客观真实的材料，但这种观察常常需要花费较多的时间和精力，而且观察所得材料往往是观察对象的外部行为表现，难以确定因果关系。

4. 结构式观察和非结构式观察

以有没有统一设计、一定结构为标准，可把观察分为结构式观察和非结构式观察。

（1）结构式观察。结构式观察指的是按照一定的程序，采用明确的观察提纲、观察记录表格对现象进行的一种观察。它是一种计划周密、操作标准化的观察，其观察的内容是固定的，观察记录表类似于结构式问卷，观察者根据统一的要求，对每一位观察对象进行统一的观察和记录，其结果可以用来进行定量分析和对比研究。因此，它的科学性更强，更具有说服力，但缺乏弹性，比较费时。结构式观察记录表或卡片参见表 4-1-2。

表 4-1-2　幼儿自我服务能力记录表

幼儿	项目					
	自己上厕所	洗手	扣纽扣	穿鞋	系鞋带	……
1						
2						
3						
4						
5						
6						

（2）非结构式观察。非结构式观察指的是没有任何统一的、固定不变的观察内容和观察记录表格，完全依据现象发生、发展和变化的过程所进行的自然观察。它多采用参与观察的方式进行，其观察的结果也不具有统一的形式，观察所得资料通常只能进行定性的分析。可见，非结构式观察比较灵活，适应性强，而且简便易行，适合于教师获取日常教育教学等方面的信息，多用于探索性的观察研究。下例是非结构式观察整理的材料，用以说明幼儿的淘气行为和家长的教育方式与态度。

［**例**］“我是奥特曼”

小朋友陆续离开幼儿园了，活动室里还有五六个孩子坐在一起玩雪花片。弘弘刚用雪花片插了一把“宝剑”，他的妈妈来了。我摸摸弘弘的头说：“看，妈妈来接你了。”弘弘抬起头，看着妈妈说：“我还要玩一会儿。”妈妈站在门口说：“不行，赶快走！”弘弘大喊：“我要玩。”妈妈生气地说：“你再不走，我走了。”“不，我还要玩一会儿。”……我见状立即对弘弘说：“妈妈回去还要做饭，我们就玩一小会儿，好吗？”弘弘高兴地答应了。于是，我示意让弘弘的妈妈到活动室里等他一会儿，弘弘的妈妈一脸不高兴地坐在弘弘的边上。弘弘拿着他插的“宝剑”在冰冰身边走来走去，说：“我是奥特曼，打死你这个怪兽。”说完，他用“宝剑”刺向冰冰的胸口。“宝剑”断了，于是弘弘用手当宝剑，在冰冰身上乱打。冰冰哭着喊：“老师，他打我。”弘弘的妈妈看见冰冰哭了，站起身来，“啪啪”给了弘弘两个耳光，气愤地说：“打呀，你再打打看。”弘弘嘴巴一咧，大哭起来……弘弘的妈妈生气地拉起弘弘的手，一边朝活动室门口走去，一边说：“看我回家怎么治你。”

观察研究除上述几种主要类型外，还可根据其他标准作如下划分：根据观察结果是关于观察对象的质的特征还是量的特征划分为定性观察和定量观察；根据观察活动的进行是否有规律区分为系统观察和非系统观察；根据观察的指向对象不同分为自我观察和客观对象观察等。

上述观察研究的各种类型是相对而言的，各种观察类型既相互区别又相互补充。幼儿教育科学研究中，由于教育现象、内外因素的相互影响制约，常常需要进行综合观察，根据具体情况将几种观察研究有机结合，这样才能获得最有价值的观察材料。

第二节　观察研究的基本途径、步骤和要求

一、观察的基本途径

一般来说，幼儿教育观察的基本途径有：

1. 实地参观考察

观察幼儿园的自然环境、校舍建设及其清洁、卫生状况，幼儿园仪器设备、纪律、制度、园风、教风等，并观察幼儿园教学、生活和管理的各个环节运转情况。这是外出参观学习的人员或上级领导者经常采用的途径。

2. 听课

听课的目的是观察在幼儿园教学中教师教学的情况与幼儿学习的情况，了解教师课堂教学表现、思想和技能；还可以了解幼儿课堂反应、学习主动性和年龄特征等情况。此外，通过听课也可以在一定程度上了解教师的备课情况。这是教学研究人员或管理人员研究课堂教学改革、评价课堂教学优劣经常采用的途径。

3. 上课

亲自为幼儿上课，是观察幼儿最普遍、最经常、最方便、最理想的观察途径。教师与幼儿面对面地交流，面对面地观察，获取信息之准确、丰富是其他途径不能比的。对此很多教师已深有体会和备受其益。

4. 列席幼儿园的各种会议

可以通过出席幼儿园的各种会议，倾听幼儿园领导、中层干部、班主任和学生家长的发言，观察会场气氛和大家的情绪，查看幼儿园最近一段时间的资料，如教学计划、教师教案、档案、幼儿活动记录等，可以了解该幼儿园办学思路、办学水平、教改情况和团队合作情况等。

5. 参加或有意组织各种活动

可以通过参加幼儿园的各种活动或有意组织某些活动进行观察研究，观察活动安排、组织情况以及师生在活动中的各种行为表现，可以了解该幼儿园活动开展情况、管理情况以及师生对活动中许多问题的看法等，这是研究课外活动、思想教育常用的途径。

6. 访谈

教育科研人员可以通过访谈观察对象，直接观察和了解观察对象的个性心理特征、思想倾向、仪表情态以及身体状态等。访谈包括个别访谈和小组访谈。访谈时，研究者要善于察言观色。

二、观察的基本步骤与要求

观察研究的基本步骤包括观察的准备、进入现场实施观察并做好记录、整理分析观察资

料并撰写观察报告。

1. 观察的准备

（1）界定问题，选好观察对象。界定问题即选择和确定研究问题。问题的选择和确立必须考虑到在某种情景里观察者是否能进行观察，所以在选定研究问题的同时，也基本上确定了观察者和观察对象。

（2）制定观察计划。在明确观察研究对象的同时，还要明确观察的目的和意义，确定观察的时间、地点、内容、次数和方法。在观察计划中要明确规定观察目的、重点、范围，以及要收集的事实材料、观察的次数、每次观察的时间、采用的仪器，制定哪些表格以及填写的要求、表格内容的等级评定方法等。观察计划的内容、格式见表 4-2-1。

表 4-2-1　观察计划

一、研究课题
二、观察目的与任务
三、观察对象及范围（观察谁）
四、观察内容（要收集哪些资料）
五、观察地点（在什么地方观察）
六、观察方法与手段（观察方法、仪器设备；如何保持观察对象和情景的常态）
七、观察步骤与时间安排（观察的次数、程序、时间间隔、观察要持续的时间等）
八、其他（组织、分工和有关要求）
观察者：
年　月　日

（3）设计观察提纲。在制订观察计划之后，有必要编制具体的观察提纲，以便将观察内容进一步具体化，从而保证观察质量。观察提纲应遵循可观察原则和相关性原则，针对那些可以观察得到的、对回答观察问题有实质意义的事情进行观察。可以先确定自己希望观察的具体内容，然后将这些内容进行分类，分别列入观察提纲。通常，观察提纲至少应该回答如下 6 个方面的问题。

①谁。观察对象是什么人？或什么团体？或什么事件？

②什么。什么人或什么团体有什么行为表现？事件性质如何？

③何时。行为、事件在什么时候发生的？

④何地。行为、事件在什么地方发生的？

⑤如何。行为、事件是怎么发生的？

⑥为什么。行为、事件为什么会发生？

（4）培训观察人员。提出观察注意点，训练观察人员掌握观察的技术技巧。要求观察人员通过检索前人经验、查阅书籍等，了解有关观察对象的条件，为观察作好充分准备。

2. 进入现场实施观察并做好记录

许多观察研究是由幼儿教师本人独立进行的，他们本来就在“现场”工作，进入现场的问题可能就不存在或能被较好解决。但也有许多观察研究是由一组合作者即教研员和其他人员参与的，他们可能会在进行现场观察之前及观察过程中面临一些问题，这些问题处理不当，就会影响研究成效。

要做到顺利进入现场实施观察，研究人员必须解决两个问题：一是证明自己的身份和要进行的观察研究是合法的；二是进入现场的要求不被拒绝，最好能在得到允许的前提下取得有关部门、人员的积极配合。在此基础上，要与现场有关人员建立友善关系。在现场观察中，这可能是最为困难且最费时间的一步，但这一步又是获得有效信息所不可缺少的，因此，研究人员必须保持足够的耐心和毅力，不能急躁，一定要为进一步的研究而与有关人员建立友善关系。

由于观察是相伴着事物的发展而进行的，因此观察者除了要做好准备工作外，还要运用以下策略来提高观察、记录的效率和准确性。

(1) 选择最佳观察位置。一方面要处在观察的最佳视野，另一方面，要保证不影响观察对象的常态。

(2) 善于辨别重要的和无关的因素。要根据科研任务，把注意力集中到能获得有价值材料的重要因素上去，不为无关的、次要的因素所纠缠，提高观察效率。

(3) 注意观察与分析相结合。要善于观察引起各种现象的因素，每一种现象的出现，都要能找到其出现的原因，使获得的观察材料具有科研的价值。

(4) 如果对观察到的现象有看法和评价，也可以言简意赅地用几个字或速记符号在旁边作一个小注，以便日后分析时参考。

(5) 善于抓住观察对象的偶然或特殊的反应。观察对象的本质是一贯性的东西。但是要全面正确地了解问题，偶然的或特殊的东西并非无足轻重，它对于研究问题的动向，更具启示意义。

3. 整理分析观察资料并撰写观察报告

在完成上述步骤并顺利地退出观察现场之后，就需要对观察所获得的资料进行整理、分析。观察所获得的资料是生动的、丰富的，但也往往是复杂的、不够系统的。要从中探讨出某些规律或形成一些科学性的认识，就必须整理、分析这些资料。教育观察资料的整理和分析主要包括审核资料、资料归集、资料初步整理和进行描述统计等步骤。

(1) 审核资料。要详细检查所有记录的资料，看分类是否恰当；如果有遗漏和错误，要设法及时补作记录和改正错误，以免时间久了无法补充和修正。

(2) 资料归集。把所有资料整理好后，还应全面考虑；如果需要的资料还没有搜集到，那就要延长观察时间继续观察，直到所需资料基本齐全为止。

(3) 资料初步整理。如果观察记录的资料数量较少，按观察记录的时间顺序存放保管即可。如果观察的项目较多，记录材料繁多，就要分类存放以便查阅。

(4) 进行描述统计。记录资料整理后，需要加以说明的，要及时、详细地加以说明，以免时间久了容易忘记或发生疑问。

最后，研究者根据对观察资料的分析研究，提出自己的认识，加以理论论证，写出研究报告。一般来说，观察所搜集的资料的分析常常要与其他研究方法获得的资料的分析相互结合，这样研究者才能得出正确的结论。

第三节　观察的记录方法

观察记录是获得正确结论的基础和保证，应该贯穿于观察的全过程。而采用什么样的记录方式方法又关系到能否获得客观、全面的事实资料。观察记录的方式方法一般分为三类：描述记录、取样记录、行为检核。不管采用什么方式方法记录，记录都应尽可能详尽、具体、系统、真实，准确反映行为事实。

一、描述记录

描述记录是通过详细记载观察的时间和观察对象行为发生、发展的过程而获得资料的方式方法，它主要包括 3 种具体的记录方法：

1. 日记描述法

日记描述法，又称儿童传记法，是一种纵向记录儿童成长和发展的方法。制定观察记录表，描述观察获得的印象是其常见的形式（如表 4-3-1 所示）。它通常在较长的时间段重复观察同一被试或同一组被试，记录其连续变化、新的发展或新的行为。日记描述法多用于记录婴幼儿的生长发育过程。

表 4-3-1　日记描述记录表

观察对象：　　性别：　____年____月____日生
例 1　某日 ● 另某日 ……

最早使用这种方法的是瑞士教育家裴斯泰洛齐，他跟踪观察其儿子 3 年，于 1774 年出版了《一个父亲的日记》，在日记中记录了自己孩子的生长发展情况，同时对母亲的早期教育作用及其他对儿童生活有重要影响的因素进行分析。接着，达尔文也用这种记录方法整理了一本《一个婴儿的传略》，书中描述他儿子的行为和发展。此后，德国心理学家普莱尔花了 3 年时间对他的孩子从出生到 3 岁连续进行日记描述，在此基础上，于 1882 年写成了《儿童心理》一书。现代儿童心理学家皮亚杰也用日记描述法搜集观察资料，写出《儿童心理学》一书。我国最早用日记法记录婴儿行为的是儿童心理学家陈鹤琴，他对自己的孩子进行跟踪观察，写了详细的观察日记并拍了几百幅照片，根据观察资料著有《儿童心理之研究》一书。

日记描述法比较适用于长期跟踪观察研究和个案研究，有利于研究幼儿身心发展的阶段性和连续性特征，记录的材料真实可靠，方法简便易行。此法也往往用于对个别或少数对象的日常观察，对于解决个别孩子的某些问题具有十分重要的意义。若使用日记描述法，则观察者与观察对象必须在较长时间内天天都在一起，才有观察机会，如班主任对本班学生，父母对子女等，不具备此条件的不宜使用。该法不足之处是样本和观察结果缺乏代表性，如果作长时期持续记录，比较费时。

2. 轶事记录法

轶事记录法又称记事法，是以记事为主，从事件或行为的发生到结束，全过程都要完整地按顺序记录下来的一种观察记录的方法。轶事记录法是研究者最为常用的一种记录方法。它经常与上述的日记描述法和下述的连续记录法配合使用，这样记录下来的资料既有事件发生的背景、事件发生发展的脉络，同时又有对事件的分析与反思，甚至还涉及解决问题的策略，如表 4-3-2 所示。

表 4-3-2 幼儿观察个案记录

观察主题	“文静”的雯雯			观察者		班级	小（1）班
姓名	雯雯	性别	女	年龄	4 岁	时间	2012-10

背景分析：

雯雯是一个不太喜欢和别的小朋友交往的小朋友，每天入园，总是扭扭捏捏地拉着奶奶的手不肯放，要奶奶或老师把玩具放在她的面前准备好，她才肯坐下来玩。

情景描述：

情景一：我在组织幼儿开展音乐活动，小朋友们用清新的嗓音和优美的动作表演《拇指歌》时，我发现雯雯小朋友也在边唱歌边表演，我心里一阵开心。可当她发现我在注意她时，马上害羞地低下了头，我假装没看见，过了一会儿我用余光看了看她时，她又跟着唱了起来，而且声音也挺好听的。

情景二：在绘画活动中，只见她呆坐着，想画又不知从何下手，就开始四处张望，我走了过去，她赶紧捂住画纸，我摸了摸她的头说：“你为什么不画？”她从嗓眼里发出了蚊子大的声音：“我不会。”说着眼泪都快流出来了。

分析：

雯雯是个胆小的女孩，平时说话都是轻声细语的。这似乎是她天生的性格。但是经过跟雯雯妈妈的交流，发现雯雯在家却是个“话唠”。但是每次到外面，面对稍微陌生一点的人或环境，就变得寡言少语。

行动：

所以我们决定加强对雯雯的引导和启发，鼓励雯雯主动、勇敢地和其他小朋友一起玩，并且让教师时刻和她保持亲密关系，发动班级内几位能力强、人缘好的幼儿和她做朋友，带她做游戏。

思考：

及时给予表扬，并通过游戏等活动激发雯雯在集体面前大胆表演的机会，增强她的自信心。和家长取得联系把雯雯的变化反馈给家长，要求家园配合，协同教育。

反思：

在日常生活中，请雯雯多做一些工作，诸如担任小组长、值日生等，多给她一些锻炼的机会。

轶事记录法要求记录有关行为和言谈，还要记录事件发生的背景以及与此相关联的其他情况。由于轶事记录法常常是事件发生后的回忆，因此一定要及时记录。例如教师带幼儿外

出郊游，观察到一些幼儿的行为，而这些行为特征又正是与教师感兴趣的研究课题有关，教师将事件记于心，回来后立刻用文字把当时的情景记录下来。

轶事记录法所获得的资料典型，有长期保留和反复研究利用的价值，如对一个三岁左右儿童推理思维发展情况进行观察时观察到这样的情况：当这个儿童听到爷爷说不加糖时，她对爷爷说："爷爷不吃糖，爷爷长小了才吃。"在这句话里，儿童一是用了归纳推理：家里大人都不吃糖，只有小孩才吃糖。二是用了演绎推理：大人不吃糖，爷爷是大人，所以不吃糖；三是用了类比推理：人既然可"长大"，那自然也可以"长小"。错在类比推理上，对"长"的概念错了。类似这种事例常常能为我们的研究提供宝贵的资料。

轶事记录所获得的资料真实可靠而且典型，但由于它往往不是现场记录，而是依靠事后回忆记录，回忆的内容可能不够准确。

3. 连续记录法

连续记录法即把观察对象在某种场景下某段时间内所有行为动作、言语，包括其与环境及他人的相互作用和交往等情况全部记录下来的一种观察记录法。它是对自然发生的事件或行为在一段时间内作连续不断的记录，其记录要求描述详细、精确并有足够的情节，而且要对观察的行为稍作分析（表 4-3-3）。运用连续记录法进行观察的时间一般以 1 小时左右为宜，时间过短观察到的资料少，时间太长观察者容易疲劳。如果有特殊需要，观察时间延长至 2 个小时或半天，最好安排两组观察者轮流观察。连续记录法最好借助摄像机、录音机等现代化教学辅助设备，把某段时间内的实况摄录下来，供研究人员仔细回放研究。若没有设备，可选择几位记录水平较高的人员分工记录，如有的记录老师的语言，有的记录幼儿的反应，然后再归纳整理为一份完整的观察记录资料。

表 4-3-3　施姗姗交往情况观察记录

观察对象：施姗姗	观察时间：2012 年 9 月
观察内容：我们一起玩吧	观察者：刘老师

观察（一）

来园时，施姗姗笑眯眯地走进教室，我就站在她的面前迎接她，可施姗姗却径直走到教室里。我牵着她的手说："姗姗，你早！"她用眼睛望着我，但很快又移开了。我又说："姗姗，你早！怎么跟老师打招呼?"她看了我一下，才轻轻地说："老师早!"

孩子们正在自由地玩着积木，只见姗姗独自一人坐着玩衣角，她耷拉着脑袋坐了一会儿，终于微微抬起头看了看积木。我走过去问："你想玩吗?"她没说话，只用眼睛看着我。一会儿她站了起来，慢慢走了过去，还不时回过头看我，我笑着点点头，她走到了孩子们的身边……

分析：

施姗姗已能愉快地上幼儿园了，但姗姗在交往方面很不主动，缺乏勇气，内心的需求和希望总不敢去实现。而我的点头、微笑无疑给了她很大的鼓舞。这孩子不是不想交往而是不敢交往，她需要老师更多的关怀和爱。

观察（二）

自由活动时，施姗姗拿着新带来的汽车玩具，独自开心地玩着。这时王泽宇走过去，向她要小汽车玩，她摇了摇头跑开了，王泽宇见她不肯，就准备抢，施姗姗一边紧紧抓住汽车，一边还"噢噢噢"叫起来。我走过去，施姗姗和王泽宇停止了"抢夺战"。我引导王泽宇有礼貌地向她借："我们一起玩好吗?"结果施姗姗爽快地把汽车放到了王泽宇的手中。

续表

观察对象：施姗姗	观察时间：2012 年 9 月
观察内容：我们一起玩吧	观察者：刘老师
分析： 从施姗姗玩"汽车"时的开心模样同被抢时的紧张神态可以看出，她已经把"汽车"当成了自己的朋友，因为她不仅可以在玩的时候抒发自己的情感，还能通过"汽车"与小朋友交往。 从案例看，她是个性格较为内向的孩子，特别是在交往方面，她似乎不知该如何参与到同伴当中去。如玩积木，实际上她很想玩，但又不敢大胆地对小朋友说："我和你们一起玩。"起初，她不愿意把玩具借给别人，当王泽宇有礼貌地向她借了以后，她又很爽快地答应了，说明她内心也渴望和伙伴交往。 观察（三） ……	

采用连续记录法记录观察活动，究竟选择在什么场景下观察并记录，观察多长时间，都应该根据本次观察的目的来确定。例如要观察大班幼儿在一节课内的注意力分散情况，可选定 3 节课进行观察记录。若要了解学生之间的交往情况，则可选择一天中的课余活动时间进行观察记录。

以上三种描述方法的记录都要求：描述具体，少用归纳，少用形容词和副词，要设法写出具体行为，要设法停留在最小可能的推论层次上。观察者要设法掌握一个人的原始行为发生情况，不要对当时的情况做最后判断或评价。此外，记录时也可把观察人员思想中闪现的分析意见和推论记录下来，但表述要简洁。描述记录方法的缺点是记录信息、分析综合资料所需时间太长。

二、取样记录

取样记录是一种以行为作为抽样样本的记录方法，于 20 世纪 20 年代后兴起。较之描述记录，取样记录具有更好的客观性、可控性和有效性，既可获得可靠的观察材料，又节省了人力、物力，减少了记录所需的时间。取样记录可分为时间取样法、活动取样法和事件取样法。

1. 时间取样法

以时间作为选择标准，专门观察和记录在特定时间内发生的行为，主要记录行为是否呈现，呈现频率及其持续时间。其具体做法是：

（1）确定总的观察时间，例如持续一周。

（2）确定几个观察时间段，例如每天上午 8～9 时和下午 2～3 时之间各观察 10 分钟。

（3）做出所要观察的行为表现的操作性定义，制定并熟悉观察记录表格内容。

（4）实施观察并作记录。

（5）对观察资料进行整理，根据观察时间段出现预先确定的行为表现的次数和情况去推测观察对象的一般行为表现。

表 4-3-4 是用时间取样记录法对幼儿社会参与性活动情况的观察研究。

表 4-3-4　儿童社会参与性活动观察记录表

时间	儿童代号	活动类型					
		无所事事	旁观	单独游戏	平行游戏	联合游戏	合作游戏
	1号						
	2号						
	3号						
	4号						
	5号						

（王坚红．学前儿童发展与教育科学研究方法．北京：人民教育出版社，1997）

时间取样法的优点是省时、简便、客观，可进行量化分析。不足之处是它仅使用于研究经常发生的行为，如幼儿的课堂表现、师生交往、对老师语言的关注等等。它不适用于观察记录幼儿内心的心理活动。同时，这种方法所获得的资料往往是说明行为种种特征（如频率）的资料，而一般没有关于环境、背景的资料。

2. 事件取样法

事件取样法是记录某些预先确定的行为表现或事件完整过程的观察记录方法。事件取样法适用于记录某些特定行为或事件完整的过程，研究的是特定类别的完整行为或事件，记录的不是限定时间单位中的行为表现，而是记录事件发生到结束的完整过程。

事件取样法在记录前应确定所要研究的事件或行为，确定记录事件的发生发展过程，确定所需记录的资料与记录形式，制定出相应的记录表格。观察时，只要预定的行为或事件一出现，立即记录，并可随事件的发展而持续记录。

事件取样法的典型例子是美国科学家霍尔·戴维于1934年进行的一项有关学前儿童争吵行为的研究。他在秋季和冬季4个月的时间内，观察幼儿在自由游戏中所发生的争执行为，观察对象是2～5岁的19名女孩和21名男孩，他共花了58.75小时，观察记录了200个案例。并事先确定所要记录有关争吵的6种项目，即按争吵发展的过程，把争吵分为6段或6类来记录。

（1）争吵的时间长度；

（2）争吵时发生的背景；

（3）争吵时发生的情况；

（4）争吵时说些什么话，做些什么事；

（5）结果如何；

（6）后果如何。

幼儿争吵行为观察表格设计如表4-3-5所示。

表 4-3-5　幼儿争吵行为观察表

幼儿	年龄	性别	争执持续时间	发生背景	行为性质	做什么说什么	结果	影响

（陶保平．学前教育科研方法．上海：华东师范大学出版社，1999：100）

事件取样法具有时间取样法的一些优点，既可作预先计划和安排，在有准备的情况下获取有代表性的行为样本，也可以得到关于时间的环境背景资料。它可以运用于对比较广泛且经常出现的行为与时间的观察，是广大教师和教育科研人员经常使用的一种方法。此法的优点：获取的样本有代表性，节省观察时间。这种方法的缺点：集中观察特定事件，不能了解事件发生的条件和背景等。

三、行为检核法

行为检核法也称清单法，是根据知觉的印象很快地概括出行为差异程度的一种记录方法，它要求在观察行为的同时对观察行为作出评价。这种方法主要是用来核对重要行为的呈现与否，观察者将规定观察的项目预先列出表格，当出现此行为时，就在该项上画“√”。此法只判断行为出现与否，不提供原始行为性质的材料。行为检核法是在一定的现场和规定的时间内进行的观察记录方法，所以它具有诊断、测量的功能。

行为检核法的具体做法：事先制定表格，列出所需观察的项目，然后进行观察并作记录。制定表格时，必须在表格上列出一些具体要求，表格应有一定的顺序性，按确定的项目，依难易程度排列。由于检核行为的方式不同，行为检核也可分为不同的应用类型。比如反映幼儿数学能力的情况，可列用行为检核法表做观察记录，见表 4-3-6。

表 4-3-6　幼儿数学预备技能核查表

儿童姓名：	记录者：		
观察内容	能	不能	日期
1. 根据名称指出相应图形：			
圆	（ ）	（ ）	
正方形	（ ）	（ ）	
三角形	（ ）	（ ）	
长方形	（ ）	（ ）	
2. 从 1 数到 10	（ ）	（ ）	
3. 给下列图形命名：			
圆	（ ）	（ ）	
正方形	（ ）	（ ）	
三角形	（ ）	（ ）	
长方形	（ ）	（ ）	

续表

儿童姓名：	记录者：		
观察内容	能	不能	日期
4. 举例说明下列关系概念：			
大于	(　)	(　)	
小于	(　)	(　)	
长于	(　)	(　)	
短于	(　)	(　)	
5. 按下列要求逐个匹配：			
2 个物体	(　)	(　)	
3 个物体	(　)	(　)	
5 个物体	(　)	(　)	
10 个物体	(　)	(　)	
10 个以上物体	(　)	(　)	
6. 在别人指导下理解以下概念：			
最先	(　)	(　)	
中间	(　)	(　)	
最后	(　)	(　)	
7. 举例说明以下概念：			
多于	(　)	(　)	
少于	(　)	(　)	

行为检核法的优点是表格比较容易制定，使用方便，且测量迅速，但它要求观察者对观察对象的行为进行评价，所以易受观察者本身的影响，其观察记录的信度通常较其他几种方法低。可采取以下措施提高行为检核观察记录方法的信度：

（1）定级分类不能过宽；

（2）打分时差距要拉大；

（3）评定两个逻辑上相关的项目时，要防止评定的等级相似；

（4）防止近似性错误，即防止相邻接近的项目所评定的等级比相邻较远的项目更接近。

无论哪一种记录方法，记录时都要力求真实，对记录的事实材料要做比较，便于核对事实，交流情况和意见。对同一现象应从不同的方面和角度进行观察记录，防止记录的片面性。

思考题

1. 什么是观察研究？观察研究有何作用？

2. 结构式观察与非结构式观察有什么不同？

3. 简述观察研究的实施步骤。

4. 选择 1 名行为习惯独异的幼儿，制定观察计划，编制观察记录表，运用时间取样法进行实地研究并做好观察记录。

第五章　调查研究

教学目标

1. 了解调查研究的作用及其基本类型；
2. 了解调查研究的一般实施步骤；
3. 学会针对研究主题编制调查问卷。

第一节　调查研究概述

调查研究是进行幼儿教育科学研究最常用的研究方法之一。当我们需要较深入地了解幼儿教育领域某种现状、方式和具体现象的时候，往往使用调查研究。

一、调查研究的定义

幼儿教育中的调查研究是指在一定幼儿教育理论指导下，围绕幼儿教育领域的某个主题，运用问卷、访谈和测量等调查方式，有目的有计划地收集相关原始材料，并针对这些材料进行科学分析判断、梳理其相互关系或做出理论分析和建议的研究实践活动。

和其他研究方法相比较，调查研究具有描述性特征，它的研究基础是幼儿教育领域中的各类现象及其具体表现，一般是通过间接的问卷，或者直接的访谈等形式，针对原始状态来搜集第一手事实材料，然后对其进行分析，从而发现命题之间的关联、问题和规律，并以此作为具体研究的依据。

调查研究是目前社会科学领域研究最基本的方法之一，最早出现在18世纪末。当时资本主义国家在经济迅速发展的同时出现了不同程度的社会问题，一些社会工作研究者开始使用各种问卷展开调查，或者直接深入基层接触所要考察的对象。由于这种方法利于收集第一手事实资料，所以逐步得到认可与推广。目前在我国，调查研究方法也广泛运用于幼儿教育领域。

二、调查研究的特点

幼儿教育领域的调查研究与其他研究方法不同，主要优点体现在以下方面：

1. 适用范围广

调查研究适用于调查有地域差异的对象，也适用于调查有个体差异的对象。在幼儿教育研究领域，许多课题的研究有时需要跨越地域和时空，有时需要涉及不同条件的个案和样本，调查研究方法就能较好地解决这些问题。例如，要调查“福建省农村学前儿童入园率”，就需要跨越地区，全面收集全省各个地区的农村学前儿童的入园情况，同时也要对全省各地农村学龄前儿童的人数和分布情况进行调查，以备参照。

2. 操作手段多

最常用的调查研究有访谈和问卷两种方式，研究者可以面对面直接接触与研究主题相关的人员，把所要了解的项目编成谈话提纲、座谈要目以及有针对性的问卷，直接获得所需材料；也可以委托他人将编制的具体问卷发放给不同调查样本，然后统一整理出所需的材料。例如：要了解幼儿园教师的班级家长工作问题，可以由幼儿园召集专题家长座谈会当场了解情况，也可以通过编制问卷发放给家长，还可以通过电话访谈、个别谈话等了解情况。随着时代的进步，问卷调查也常常借助网络来完成，这就是近年来流行的网络问卷调查。先把编制好的问卷挂在网页上，被调查者答题后数据可以直接通过软件生成并获得。

3. 研究效率高

由于调查研究在某一时间既可以针对多个样本同时进行，也能有效地收集跨越地域和时空差异的资料，相比其他方法，能够很便捷地收集信息，研究效率比较高。我们经常提到的横向研究一般要在规定时间从多个样本中收集资料，例如，我们要比较公办和民办幼儿园课程设置的差异，在无法亲自前往所有地区并深入幼儿园观察了解其课程设置的情况下，通过访谈、问卷等的调查就很容易掌握相关资料。又比如对于某个对象的纵向研究，要求收集不同时期的资料，而研究者不是见证者，收集资料比较困难，但如果能够将不同时期的亲历者召集起来，进行个别访谈或集体座谈，会是个不错的方法。

三、调查研究的主要类型

人们在使用调查研究的时候，针对不同的情况归纳出了不同的类别。按照抽取样本的大小可以分成普遍调查和抽样调查，按照调查介质的不同可以分成书面调查和口头调查，按照研究目的可以分成现状调查、相关调查和预测调查。此外，按照与调查对象的接触方式不同可以分成直接调查和间接调查；按照开展访谈的形式差异可以分成集体访谈和个别访谈。

1. 普遍调查和抽样调查

普遍调查又称为“普查”或“全面调查”，是对所有研究对象和调查内容展开的调查。虽然调查范围和调查对象项目可能较多，但是这种宏观调查有利于全面、准确地获取研究对象的基本信息，是全面了解被研究对象基本现状的便捷方法，可用于相关决策前期的资料搜集或可行性分析。例如要了解福州市幼儿教育现状，就可以对福州市现有的托幼机构设置与分布、单位属性、具体设施、师资情况、课程设置、入园率及在园年限等基本情况进行全面调查。但是全面调查涉及的研究对象多、调查项目细、人员投入和费用相应增大，组织实施、后期数据统计等方面工作量巨大，因此全面调查也需要比较长的工作周期。

抽样调查也称为“抽查”，就是从全体的被调查对象中选取一部分作为调查样本，目的是通过对这部分样本的调查和分析来推断研究对象总体的情况，这种方法就是我们常说的抽样调查。因为在具体的研究过程中研究者的时间和精力有限，无法保证调查能够覆盖全体的研究对象，用抽样调查可以从研究者选定的最具有代表性的若干样本入手，既避免了调查中人力、物力和财力的大量消耗，又能抓住调查对象最核心的特征作为研究总体的依据，是一种简便易行的高效率研究方法。例如同样为了了解福州市幼儿教育现状，使用抽样调查则不需要收集每个托幼机构的材料，而是在现有的福州市托幼机构中选取不同性质的幼儿园（如公办园、民办园）若干、不同经济发展程度地区的幼儿园（如城镇幼儿园、乡村幼儿园）若干，通过对它们的调查分析来推论全市幼儿教育的基本情况。

抽样调查根据抽样的依据不同，又可以细分为典型调查、个案调查、重点调查。典型调查所选的样本为调查对象中具有代表性的样本，个案调查主要选取调查中的某个特定对象作为研究样本，重点调查则是选取所有研究对象中比较关键的或意义重大的若干个项目作为样本。例如，要研究优质幼儿园的管理特征，可以选取定性为“优质幼儿园”的“某些”园所展开典型调查，也可以有针对地选取“某个”优质幼儿园作为个案调查对象，还可以选择优质幼儿园中管理特色比较鲜明的若干园所来进行重点调查。这些不同抽样的调查研究在某种程度上弥补了一般抽样调查的漏缺，对调查研究工作是有益的补充。

2. 书面调查和口头调查

书面调查是指在调查中使用纸质媒介，通过被调查者的答题或书面作业来收集材料的方法。问卷调查是书面调查中最具代表性的一种。问卷调查是指研究者针对所要调查的对象，预先编制出统一问卷，然后通过问卷的发放、填写和回收来搜集资料的方法。按照问卷填答主体可以分成自填式问卷调查和代填式问卷调查两种，其中自填式问卷可以依据传递的方式不同分成报刊问卷调查、邮递问卷调查、网络问卷调查和送发问卷调查；而代填式问卷调查则可以按照被调查者答题方式的不同有电话问卷调查和访问问卷调查之分。

口头调查主要是由研究者采用口头访谈的方式向调查对象了解与研究主题相关的情况。访谈时要求调查者与被调查者直接互动交谈。依据访谈对象可以将访谈分成集体访谈和个别访谈。不论哪种访谈都需要事先围绕所要了解的问题编制合理的访谈提纲。集体访谈一般是通过开座谈会的形式，将多个被访谈对象集中起来由调查者发起对调查对象的提问，同时收集访谈数据的调查方法。口头调查这种研究方法按照目的的不同，可以分成以了解情况为主的调查和以研究问题为主的调查；按照内容不同可以分成综合性调查和专题性调查。

3. 现状调查、相关调查和预测调查

现状调查一般是针对被调查对象的当前状况展开，旨在对研究对象的现实表现进行描述，归纳出研究对象的基本情况，包括优势表现和存在问题，以便为实际工作的决策提供依据。例如“幼儿园在职教师学历情况调查”便是针对“现有”“在岗”“在职”幼儿教师的学历进行调查，以形成对她们学历基本情况的了解。

相关调查主要是为了考察多种教育现象之间的相互关联程度而展开的调查，这种方法有利于考察多个调查对象之间的关系，找到影响教育现象的若干因素，为解决教育问题提供依据。例如通过“家长与幼儿园互动方式的调查”，我们可以对家长与幼儿园互动方式进行全面了解，并且可以对影响家长与幼儿园互动的主要因素进行归纳。

预测调查的目的则是通过对某种教育现象基本表现的研究，找出影响其变化和发展的主要规律，并对该种教育现象的未来发展趋势做出推测。例如通过“当前农村留守幼儿受教育情况的调查”，可以推断当前农村留守幼儿受教育现状，并预测未来农村幼儿园机构设置的走向和幼教发展经费的下拨力度。

4. 网络调查和电话调查

随着现代网络技术的普及，越来越多的研究者借助网络来展开调查工作。与传统的调查

方法相比，网络调查能够在短时间内取得所需样本的大量信息，能够最大限度地突破地域限制获取研究材料，最常见的做法是将编制的问卷放在网页上，由浏览页面者自愿打开并随即填答，随即统计数据。这种调查与数据统计相结合，免去了研究者繁琐的统计工作，在针对某一比较大众化的热点问题调查时很受某些研究者青睐。比如，结合某个新闻报道可以进行一次“幼儿园校车监管问题”的调查，在调查页面上列出具体选项供点击者回答，通过统计软件显示的信息可以即时查看被调查者的观点。尽管网络调查便捷省时，但它的缺点在于答题者身份及其填答的真实性难以保证。为了避免出现一人多答现象，有必要在用户登录和密码设置或网页上做出相应的技术处理。但是相当一部分属于样本范围内的调查对象，由于缺乏上网条件或运用网络技能的限制而被排除在调查之外，影响了统计结果的可信度和研究的进度。

此外，还有一种电话调查形式，目前多用于商业市场的用途，比如运用在售后服务、产品跟踪、态度评价等方面。与发放问卷调查相比，电话调查的优势也具有便捷省时跨地域等特点，但是电话调查往往涉及一些必要的电话费用，而且被调查者在毫无准备情况下容易出现拒答或误答情况。

第二节　调查研究的实施步骤

一般来说，一项完整的调查研究需要从调查计划入手，通过具体的实施获取相关调查资料，然后通过分析得出结论并形成完整的调查报告。当然，要想通过调查研究获得关于研究对象的准确、翔实资料，关键是对调查研究的组织实施过程严格把关。调查研究的实施步骤主要有几个阶段：

一、调查目标的明确

目标是否明确是调查研究的出发点，也是调查计划的着眼点，因此不论何种形式的调查研究都要首先明确“要调查什么”。

“凡事预则立，不预则废”就体现了研究目标确定之重要。幼儿教育研究领域可供研究的课题五花八门，可以是宏观的国家幼儿教育政策研究，也可以是微观的幼儿园管理研究；可以是很受关注的幼儿园活动有效性等实践研究，还可以是传统经典的儿童观与教育观研究。不管哪方面的课题研究，都可以使用调查这种方法来收集资料。如果研究者没有明确的研究目标，就无法对所要研究的对象进行选择，影响研究计划的制订。

确定调查目标首先需要研究者根据课题的任务和范围，规定出调查的目的。例如要研究“家庭亲子沟通中存在的问题”就需要明确以下几个关键的具体问题：

（1）亲子沟通是什么？

（2）亲子沟通涉及哪些年龄段？

（3）家庭中的亲子沟通表现在哪些方面？

通过对以上三个问题的思考，可以将宽泛模糊的课题缩小为以下几个不同方面的小课题：“学龄前儿童家庭亲子沟通情况调查”、“小学生家庭亲子沟通情况调查”、“中学生家庭亲子沟通情况调查”、“大学生家庭亲子沟通情况调查”。也就是说将家庭亲子沟通分成不同年龄阶段的对象来开展调查工作。

二、调查对象的选择

在调查研究实施过程中，调查对象就是被调查方，调查对象的确定是调查得以顺利开展的前提。调查对象的选择一般要考虑两个方面的因素：是否有能力完成调查者提供的问卷或访谈；是否能够涵盖本次研究主题所需要的准确的材料和数据。一般来说，调查研究的主题、调查范围、调查内容与调查对象的选择有关。在调查研究主题确定之后，我们首先要明了的是“要调查什么”，然后围绕这个主题要明确“在什么范围实施调查”“需要调查哪些人”。即要明确本次调查需要从哪里获得与研究主题相关的资料，也就是要考虑调查的范围和调查的对象。

以“3～6 岁儿童家庭亲子沟通现状调查”为例，首先我们可以明确该研究主题是“家庭的亲子沟通”，年龄的范围限制在“3～6 岁的儿童”，接着要明确的是“需要调查什么样的家庭中的亲子沟通”，这就得考虑家庭的具体类型。亲子沟通是家庭教育的主要方式，3～6 岁这个年龄段家庭教育的主导者是监护人（主要是父母亲），于是可以确定把孩子的监护人作为调查对象。由于家庭模式和类别的差异，监护人可以是父母亲，也可以是祖辈，还可以是其他正在执行监护职责的非血缘关系人员，按照这个思路，调查对象就有上述三种监护人类别。此外，为保证研究对象取样具有代表性，还应该考虑存在城镇家庭和乡村家庭这两种地域的差异。

三、调查工具的使用

在调查研究中使用最频繁的调查工具就是问卷和访谈提纲。研究者将所要了解的基本内容分解成具体的项目，可以是供调查对象直接勾填的选项，也可以是供调查对象描述、没有具体限制的开放式问题，然后根据一定的组合编制成所有调查对象都要填答的书面材料，这就是书面问卷。例如，在调查幼儿园老师班级管理情况的一份问卷中有如下两道题：

……

19. 通常情况中，当您向孩子提问的时候，孩子们的表现是怎么样的？

(1) 只有个别经常受表扬的孩子会举手回答问题；

(2) 全班的孩子都能够积极举手回答问题并还会与教师进行讨论；

(3) 没人举手，班级氛围比较沉闷；

(4) 个别孩子会小声回答，但并不敢举手，需要教师点名发言。

20. 从自身角度出发，您认为怎样能将班级管理得更好？

____

____

上述 19 题是选择题型的提问，20 题则是需要自主作答的开放式提问。

而访谈提纲则比较简略，研究者主要针对研究主题将需要从被访谈者那里了解的信息编成若干提纲式的问题，通过记录访谈者的回答获取研究资料。由于访谈的方式可以有集体访谈也可以有个人访谈，所以访谈提纲一般有较强的针对性，并且回避隐私问题。

［**例**］　在“幼儿园开办兴趣班情况的调查”中，发现只有小部分家长在问卷中极力主张多开办体育锻炼类型的兴趣班，于是可针对这些典型对象进行了更深入的访谈，提纲如下：

1. 您为什么一定要主张开办体育锻炼兴趣班？

2. 您平时经常带孩子去锻炼吗？

3. 您认为哪些体育锻炼兴趣班适合在幼儿园举办？

4. 您对开办体育兴趣班有什么具体要求？

……

通过上述几个问题的回答，研究者可以发现更有价值的家长意见，更好地收集比较典型的研究资料，有利于实现调查内容中点与面的结合，更能全面反映客观、真实的情况。

当然，在具体的调查实施过程中每一种工具都各有特色，很多时候需要综合运用。也就是说要根据普遍调查和抽样调查、书面调查和口头调查、现状调查和相关调查等类型，编制相应的调查问卷，综合使用这些工具，以便实现资料上的相互补充，保证搜集的调查资料全面、多样。

四、调查材料的处理

研究者使用不同的调查工具可以得到不同的调查材料，主要有量化材料（如数据、数值等）和描述材料（如文字、案例等）。量化材料的特征比较直观，能直接呈现调查结果的差异。不论使用哪种调查工具，一般都会涉及多个样本以及多个问题选项的差异，对调查结果的处理需要先对各类数据进行统计分析，目的是对研究对象的基本状况作出。例如，在完成了“教师对构造类玩具配置情况的满意程度”调查后，将统计数据标于图 5-2-1，通过柱状图的长短很直观地在数量上尤其是百分比例上显示出“70.6％教师对构造类玩具配置基本满意；十分满意、略微不满意、很不满意的比例分别是 11.8％、11.8％、5.8％”。这让研究者对研究的基本事实一目了然。

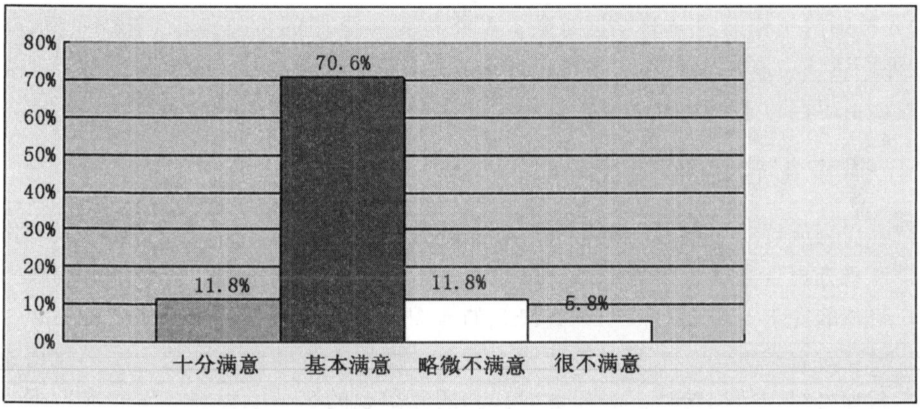

图 5-2-1　教师对构造类玩具配置情况的满意程度

描述材料多用于在质性研究中对考察对象的表现，或者考察案例的陈述，例如：

某研究者在调查“来自幼儿教师的语言暴力”时作了以下记录：

讽刺挖苦型：“你就是个人肉炸弹。”“画的是什么啊？四不像。”

粗暴恐吓型：“送小班，别留在我们班。”“取消活动资格。”“吃不完这一碗，就再吃十碗。”“还想不想回家了？再吵我就关门，留下来过周末。”

训话型：“爸妈来接你们回家，就不要再在幼儿园玩！”“让我发现谁没有马上离园的，就不能获得小红花。”

调查研究中量化分析和质性描述在更多的情况下是结合使用的，二者互为补充。量化分析往往是进行质性描述的基础，质性描述则是对统计数据反映出来的事实做出进一步分析和解释，幼儿园男教师流失的影响因素见表 5-2-1。

表 5-2-1　幼儿园男教师流失的影响因素

项　　目	人数	百分比
经济待遇低	7	100.00%
传统观念的影响	5	71.43%
缺乏自我实现的机会	4	57.14%
不喜欢这份工作，不得已才选择的	1	33.33%

从表 5-2-1 可以看出，导致幼儿园男教师流失的影响因素中，最关键的一个因素就是他们的经济待遇低。在 7 个访谈对象中，有 7 人都提到了这一点，占调查对象总人数的 100%。由此可见，经济收入难以满足男教师最基本的生活需求，无疑成为影响男教师流失的最重要的因素。幼儿园男教师流失的第二大影响因素是“传统观念的影响”。有 71.43% 的受访对象提到，目前社会上仍然有相当多的人认为男性从事幼儿教育工作是不太体面的一件事。传统观念认为幼儿教育就是需要女性的细心和温柔，而男性则应该从事一些具有冒险性和挑战性的工作，因而从事幼儿教育工作的男性就被社会上很多人误解为“没本事”“没有男人样”等等。很多男教师屈从于势力强大的传统观念，不得不选择放弃幼儿教师工作。访谈对象还认为“缺乏自我实现的机会”也是幼儿园男教师流失的一大影响因素。在调查中，57.14%的访谈对象认为男教师在幼儿园不能实现自己的价值。访谈中一位老师这样说道：“幼儿教师的工作对潜力的发掘有限，不能达到一个好的价值鼓励，找不到很高的成就感。”此外，访谈中有一人回答“不得已才选择幼师工作”，说明一些教师是出于就业严峻形势的考虑，不得已才选择幼教工作，选择做幼儿教师是一种被动的行为。

五、调查报告的形成

研究者在完成调查材料的收集整理、数据统计、归纳分析之后，最终要形成一份调查报告，可以说调查报告是调查研究的最终成果。一般来说，调查报告由五个部分构成：

（1）问题的提出。主要对该项调查研究的意图、背景、研究价值等作出陈述；

（2）研究对象与方法。主要对该项调查对象的取样、具体调查方法运用等作出说明；

（3）调查材料与数据统计。主要针对调查所收集到的第一手材料（案例或数据）进行统计，整理出能够反映研究事实的资料。

（4）调查结果的分析与讨论。主要针对统计结果对所要调查的具体项目进行逐个分析与讨论。

（5）研究结论与建议。主要结合课题研究的目标和调查分析，对课题的整体观点做出总的归纳概括，并提出相关的建议。

附：调查报告的范本格式

关于民办幼儿园家园互动途径的调查研究

——以×××幼儿园为例

一、问题提出

《幼儿园教育指导纲要（试行）》指出：“家庭是幼儿园重要的合作伙伴，应本着尊重、平等、合作的原则，争取家长的理解、支持和主动参与，并积极支持、帮助家长提高教育能力。充分利用自然环境和社区的教育资源，扩展幼儿生活和学习的空间。幼儿园同时应为社区的早期教育提供服务。”如果能调动家长资源，让家庭教育融入到幼儿园教育中，就能更好地提高教育的有效性，从而促进幼儿的发展……

二、研究对象及方法

（一）调查对象

选取×××幼儿园的教师和幼儿家长共100名。

（二）调查方式

1. 问卷调查

编制“家园互动途径问卷（家长卷）”“家园互动途径问卷（教师卷）”，发放对象为幼儿园各班家长和教师。

2. 访谈调查

对部分幼儿教师和幼儿家长进行非结构式的个别访谈。

三、调查的结果与分析

本研究经过问卷和访谈资料的统计，发现家园互动主要存在以下几个问题：

（一）家园合作平台单一

（定量定性分析）……

（二）家园沟通的机会不均等

（定量定性分析）……

（三）部分家园互动方式流于形式

（定量定性分析）……

（四）家长学校教学方式比较单一

（定量定性分析）……

四、促进家园有效互动的建议

……

通过对家园互动现状的深入分析，可采取以下几种对策加以改进：

（1）充分利用网络平台开展家园互动；

（2）沟通机会平等；

（3）让家园合作的方式实际化；

（4）让家长学校真正服务于家长。

参考文献：

[1] 曾碧，李霞．家园互动：促进幼儿园教育活动的有效途径［C］．现代教育科学普政研究，2011（8）

[2] 朱芳红．家园互动质量的影响因素及其问题分析［C］．教育教学研究，2007（4）

[3] 赵忠心．家庭教育学［M］．北京：人民教育出版社，2001

……

第三节　调查问卷的编制

在幼儿教育研究中，最为常见的调查方式有问卷调查和访谈调查两种，其调查工具主要有调查问卷、访谈提纲，本节将重点介绍调查问卷的编制。

一、问卷调查的优势

问卷调查在调查研究方法中之所以能够被广泛应用，是因为其具有标准化程度高、资料保密性好、操作过程便捷等优点。

1. 标准化程度高

问卷调查将参与调查的对象按照一定的标准进行分类，然后将预先设计好的问卷发放给调查对象进行填答。一般来说，设计同类项目问卷的编制条目是基本一样的。因此在统一的情境下，统一的问题，统一的选项，统一的统计标准，使得调查过程的操作和统计比较规范，标准化程度较高。

2. 资料保密性好

问卷调查实施中为了保证调查第一手资料的真实性，避免被调查者在填答问卷时的各种干扰和顾虑，尤其是在回答一些涉及集体或个人隐私以及不便公开的信息时，一般不要求被调查者署名，从而提高调查资料的信度和效度。

3. 操作过程便捷

与别的调查方法相比，问卷调查不受取样的地域限制，可以在短时间内调查多类别多数量的对象，能够就一份问卷高效率地收集大范围、大样本的第一手资料，这种方法操作起来经济便捷，很受研究者青睐。

二、调查问卷的编制

调查问卷是由依据课题研究的具体项目或研究假设所编制的系列问题（或表格）组成，并由调查对象填答的一种测量工具。问卷编制是研究者依据调查目的和需要，编写问题形成问卷的过程，问卷编制得好，有利于被调查者理解题意并有效填答，提高调查研究的效率。其关键的步骤如下："确定调查主题和调查样本"——"根据研究假设将研究主题分解成一级类别问题"——"根据不同类别细化具体问题"——"确定问卷问题和答题选项"。当然一份问卷需要多次编题、试测、修订才能保证质量，下面就问卷编制中的主要注意事项进行介绍。

1. 问卷的基本结构

一般来说，一份标准的调查问卷由指导语、问题与答案、结束语三部分构成。

（1）指导语。指导语在每一份问卷的开头部分出现，文字简短，主要是向被调查者说明本问卷实施的目的和填答要求，以争取被调查者的配合，获得真实可靠的资料。指导语要求简洁明了，通俗亲切。例如，某调查针对幼儿园一线教师，指导语可这样写道：

尊敬的老师：

您好！这是一份关于游戏指导中教师回应行为的问卷，感谢您在百忙中给予填答。本问卷答题时不用署名，所有回答没有对错之分，所答内容不会对外公开，请您仔细阅读题目后在所选择的答案上打"√"或在括号里填写答案的序号（除注明"可多选"外，均为单项选择）。谢谢各位老师的支持！

（2）问题与答案。作为问卷的主体部分，问题与答案设计是否合理决定问卷质量。答案要根据问题进行有针对性的设计，下面着重介绍问题设计的要领。

问题设计时，研究者一般需要根据研究目的，先梳理出问题的具体类别，然后逐级将其分解成需要填答的小问题，所以问卷调查中的具体问题可以说是一个系列。在问卷编制中常见三类问题：资料性问题、事实性问题和态度性问题。

资料性问题主要指个人特征资料，在研究中个人特征往往作为自变量出现，这些问题主要是为了了解调查对象的基本信息，在进一步分析所收集到的研究资料时具有参考价值。问卷中常常要对个人基本情况（如年龄、性别、工作地区、职业、职务、任职年限等）、个人教育情况（如学历、学位、毕业学校等）、个人家庭情况（如家庭人口、子女数量、父母职业、父母学历、经济收入等）进行了解。例如，下列“幼儿园班级活动中机会均等问题调查问卷”中A部分的问题是关于教师本人的资料性问题。

A部分：请认真阅读题干及相关说明，在最符合自己实际情况的选项前○打上“√”。

A1. 您所在的班级：○（1）大班　○（2）中班　○（3）小班

A2. 您所在班级的幼儿数：○（1）25人以下　○（2）26～35人　○（3）36～45人　○（4）45人以上

A3. 您的年龄：○（1）20～30岁　○（2）31～40岁　○（3）41岁以上

A4. 您的学历：○（1）大专　○（2）本科　○（3）本科以上

A5. 您所在的幼儿园属于：○（1）公办园　○（2）民办园

事实性问题主要是针对研究所要了解的事实情况而编写的问题，可以是存在性事实问题（如曾经发生过的或现在已经存在的事实），也可以是行为性事实问题（如某种行为发生的时间、地点、行为表现等情况）。下面是“幼儿园区域活动材料投放情况调查问卷”中出现的部分事实性问题。

1. 您所在的班级（　　）。

A. 小班　　B. 中班　　C. 大班

2. 您每次讲评区域活动需要多少时间？（　　）

A. 5分钟以内　　B. 5～10分钟　　C. 10～15分钟　　D. 15～20分钟　　E. 20分钟以上

3. ……

4. ……

5. 您班每个区是否有独立空间？（　　）

A. 有　　B. 一区多功能　　C. 没有，各区材料摆在一起

6. ……

7. 您班活动区的创设者是（　　）

A. 教师　　B. 幼儿　　C. 家长　　D. 教师、家长、幼儿共同参与

8. ……

9. 幼儿是否存在偏区现象？（　　）

A. 多数会　　B. 不会　　C. 个别会

10. 您班投放的区域材料来源于：（可多选）（　　）

A. 自制　　B. 购买　　C. 其他______

11. ……

12. 新材料的投放方式是：(可多选)(　　)

A. 直接投放材料，幼儿自主探索玩法　B. 教师介绍活动材料，幼儿按规则操作

C. 随意投放，幼儿自由玩

13. ……

14. 当幼儿对活动材料不感兴趣时：(　　)

A. 更换活动材料　　B. 调整材料操作方式　　C. 收起来过一段再说　　D. 进行引导

15. ……

不难看出，在上述问题中，第 1、5、7、10 等属于存在性事实问题，而 2、9、12、14 则属于行为性事实问题。

态度性问题主要指被调查者在某种情境下对某一事物、现象的认识、感受或态度的问题，它跟被调查者的观念、价值取向、动机兴趣等密切相关。大多数时候态度性问题与事实性问题是相结合的，这里以“幼儿园班级活动中机会均等问题调查问卷”为例，以下问题是典型的态度性问题，答案设计用 1～5 表示五种级别的态度选项。

B. 部分：以下题目请在符合您情况的数字上打“√”，其中，1——很不同意，2——不同意，3——说不清，4——同意，5——非常同意。

1. 能力弱的幼儿回答不出问题时，我表现得很没耐心。

————————————————————1　2　3　4　5

2. 在教学活动中，我能够针对幼儿能力强弱进行分层次提问。

————————————————————1　2　3　4　5

3. 表演游戏时，我能够关注并鼓励幼儿尝试表演不同角色。

————————————————————1　2　3　4　5

4. 我与幼儿的互动与个人喜好有关。

————————————————————1　2　3　4　5

5. 我觉得班级幼儿太多，无法在生活上照顾到每一个幼儿。

————————————————————1　2　3　4　5

6. ……

不难看出，上述陈述与被调查教师对班级活动的态度有关，被调查者在提供的五个态度等级中选择与自己态度相符合的等级，这是一个典型的里克特量表式问卷。态度性问题设计必须注意两个态度指标：一是态度的方向性，即喜欢或不喜欢、肯定或否定的正负方向；二是态度的强度，即喜欢或厌恶，肯定或否定的程度。态度的强度以态度等级来衡量，通常分有二等级式（如同意/不同意）、三等级式（如同意/无所谓/不同意，是/不确定/不是）、四等级式（如很同意/同意/不同意/很不同意）、五等级式（如很同意/同意/无所谓/不同意/很不同意）。

（3）结束语。为问卷的最后一部分，经常看到简短的一句话，要么是答谢词，要么是回收反馈方式，如“十分感谢您的回答和帮助！”“谢谢您的参与，本次问卷的结果反馈我们将会以邮件形式寄给您本人！”另外，有些问卷设计者还会把姓名、单位、使用时间等标注在问卷尾部。

2. 问卷的编制要点

问卷编制的核心问题是问题以及问题答案的设计。问卷中问题及问题答案设计得好坏影响被调查者的答题状态，从而影响研究者收集资料的可靠性。问题及问题答案设计要注意以下几个方面的问题：

（1）问题表述要简洁明晰。提问的句式一般采用简单句，一个问题只针对一个内容或现象，可以是疑问句，也可以是陈述句，措词要求准确明了，避免被调查者产生理解上的歧义，而且尽量不使用过于专业化的术语。例如，“教师每天出现这种偏爱行为的次数大概是多少？”由于该问题表述中出现的主语“教师”就是调查对象本人，最好从主观角度来发问。“每天”、“次数”、“大概”等词语用得较含糊，“这种偏爱行为”用词也较为笼统抽象，难以让答题者理解哪种行为属于“偏爱”，问题要针对哪种行为。如果改为“您（或我）每天出现××行为（具体陈述偏爱行为的表现）的次数是多少？”表述会更为妥当。

（2）问题设计要规避暗示。即设计的问题要避免社会认可效应的干扰。所谓社会认可效应指的是某些被调查者在填答问卷时，会按照社会通常的规范或人们普遍的期望来答题，不一定真实地反映自己的观点和态度。设计的问题涉及道德和隐私的内容更要注意避免社会效应的影响，如问题“当孩子屡教不改时，您会选择体罚吗？”呈现时，大多数被调查者会选择“不会”，而这与我们观察到的事实可能不完全相符。为了避免这种情况，在设计问卷时一方面最好规避此类问题，如果要用，可以用情境式问题或用两难问题代替，使问题和答案涉及“一般人”，如运用“有人认为……你认为应如何”的形式来表述问题。另一方面在创设答题情境时尽量淡化填答的责任与敏感度，减少因社会规则或心理趋同带来的暗示作用。

（3）问题答案格式要讲究。调查问卷的问题可以分成结构式问题和非结构式问题。结构式问题与非结构式问题答案的格式是不同的。

结构式问题又称封闭式问题。结构式问题的答案由问卷编制者提供，被调查者只能在规定选项中选择答案。答案设计要求各个选项之间相互排斥，相互独立，避免包含或交叉。常见的结构式问卷答案有以下4种情况：

①是否式答案。所有问题的答案都只有两个维度，即“是”与“否”，“同意”与“不同意”，“喜欢”与“不喜欢”等等，被调查者只能二选一。如：

您是否受过幼儿教育专业培训？（是/否）

您是否获得幼儿教师资格证书？（是/否）

②选择式答案。这是最常见的答案格式，每个问题后面给出若干答案（一般3～5个），被调查者从中选择一个或多个答案。如：

……

17. 幼儿选择活动区活动？（可多选）（ ）

A. 幼儿自主选择 B. 教师引导选择 C. 教师指定

18. 您班区角活动的规则是如何产生的？（ ）

A. 由教师决定，幼儿遵守 B. 由幼儿自定 C. 师生共同讨论制定，在活动过程中调整

……

③排序式答案。每个问题后提供多个备选答案，被调查者根据自己的判断按照规定标准排出顺序。如：

您是从哪些渠道获得“幼儿生理心理发展”知识的？________（请按从主到次的顺序，在横线上填上序号）

1. 阅读育儿书籍　2. 报纸杂志　3. 电视节目　4. 小区内健康宣传

5. 幼儿园家长会　6. 网络　7. 同事聊天　8. 其他

④量表式答案。根据某种标准将答案分成一定等级，被调查者标示出自己所在的等级。如：

我认为每天能和那么多小朋友们在一起很快乐、很幸福。（　）

1. 不符合　2. 不太符合　3. 符合　4. 比较符合

当调查需要使用多个量表式问题时，就可以将不同等级的问题和答案编成表格，被调查者直接填表回答问题。如：

表 5-3-1　幼儿教师职业幸福感调查

调查项目	符合程度			
	不符合	比较不符合	符合	比较符合
我认为每天能和那么多小朋友在一起很快乐、很幸福				
幼儿园人际关系简单，我与同事们的关系都很融洽				
我很喜欢自己的这个职业，常常觉得很幸福				
幼儿园领导很关心教师的生活、健康				
家长对待我们的态度都很友善、热情				

结构式问题的答案是限定性的，被调查者始终被圈定在给出的若干选项中，尽管这些答案多是依据研究假设来设置，能够有效控制和确定研究变量之间的关系，在量化统计中也比较便捷，但是这种答案格式将复杂现象简单化，如果考虑不周全，会影响研究中特殊问题的发现以及材料收集的全面性。为了解决这一问题，我们可以加入非结构性问题。

非结构式问题即开放式问题，问题在设计时没有结构形式上和答案上的专门要求，一般在提出问题后留有空白区域或画出横线供调查对象自由填答。这种答题格式有利于被调查者阐述自己的观点，弥补了结构式问题答案格式过于死板的缺陷，使研究者收集的资料更为全面，更为深入。如：

“请谈谈您对教师偏爱某些幼儿这一现象的看法。”

针对这一问题，不同调查对象可能给出不同的答案。

甲填答：很正常，但是应该恰当表达。

乙填答：教师偏爱某些幼儿这一现象较常见，偏爱难以避免，但是教师要注意，不要让这种偏爱表现出来，注意公平、公正。

丙填答：不能偏爱，应公平对待。

丁填答：……

为了整合结构式问题与非结构式问题的优势，问卷设计者经常将结构式问题和非结构式问题的答案综合起来使用，如：

……

“你一般选择什么样的形式对幼儿进行奖励？”

(1) 口头表扬
(2) 鼓掌
(3) 抚摸或拥抱
(4) 贴小红花
(5) 实物奖励
(6) 其他
……

(4) 问题排列顺序要合理。在所有问题和答案设计完毕后，需要按照一定的排列组合将它们整合在一起，最常见的问卷一般按照“个人基本信息的问题——事实性的问题——态度性的问题——开放性问题”的顺序对问题进行编排。但是一份问卷问题排列顺序是否合理主要看是否方便被调查者顺利答题以及是否便于调查资料的整理和统计。用得比较多的问题排列方式有内容性质排列、时间顺序排列和逻辑顺序排列三种。

①依据问题内容性质进行排列。首先，要尽量把性质类别相似的问题编排在一起，例如某项调查中涉及“游戏材料的投放”、“游戏规则的制定”、“教师介入的方式”等三类问题，每类各有5个小问题构成，被调查者按照问题类别的顺序进行填答，保证了填答思路的完整流畅，也提高了答题的有效性。其次，可以将问题按先易后难，由浅入深，先一般性问题、后特殊性的问题的顺序进行排列，将某些比较敏感且有隐私性的问题放在后面。

②依据问题的时间顺序进行排列。有些课题研究涉及不同的历史阶段，可以按照历史线索由过去到现在再到将来这么一条时间线索进行问题的编排，以方便研究者进行资料收集。例如，要研究“新中国学前教育法律规制”，那么最好按照新中国成立以来具有典型特征的历史阶段来进行问题的排列。又如在对“幼儿教师专业成长途径”进行调查时，则可以按照“职前”“新入职”“熟练教师”“骨干教师”“专家型教师”的顺序来排列相关问题。

③依据调查研究的逻辑顺序进行排列。研究者有意识地将自变量问题放在前头，因变量问题放在后面，这样便于研究者进行资料的分析。例如，要研究在职教师对幼儿的关注程度，需要考虑不同入职年限的教师对幼儿关注程度的差异，这个调查中教师作为自变量，关注程度是因变量，就要先将与教师有关的问题放到前面，然后再根据不同的关注经验和程度排列所编制的系列问题。这种排列尊重了研究的逻辑顺序，便于被调查者填答，也便于调查后的具体分析。

当然，一份科学合理的问卷需要经过多次测试和修订才能定稿，本章所呈现的主要内容是问卷编制的最基本的原理与要求，希望能够对读者有所帮助。

思考题

1. 简述调查研究及其主要特点。
2. 试比较普遍调查和抽样调查的不同。
3. 简述调查研究的实施步骤。
4. 简述调查问卷的编制要点。
5. 以“家园互动”为研究主题，设计一份调查问卷。

第六章　实验研究

教学目标

1. 理解变量、自变量、因变量、无关变量的内涵；
2. 掌握教育实验的分类；
3. 了解影响教育实验内在效度和外在效度的因素；
4. 掌握教育实验设计的基本类型以及操作的基本程序和要求。

实验研究法是在自然科学的研究中创造、形成的。近代以来，实验研究法被逐渐应用于社会科学研究。在教育领域，自从1768年瑞士教育家裴斯泰洛齐创办“新庄”实验学校以后，许多教育家相继创办各种实验学校，开展实验研究，特别是德国学者拉伊和梅伊曼把科学的实验方法引入到教育研究中来，推动了教育实验的开展。当今，教育实验越来越受到幼儿教育工作者的重视。教育实验作为揭示教育规律及因果关系的有效手段，在幼儿教育科学研究中发挥着重要的作用，得到越来越广泛的应用。

第一节　实验研究概述

一、教育实验研究的含义

幼儿教育实验研究是指研究者根据实验的目的，人为地创设一定的情景，在控制无关变量的条件下，通过操纵自变量，观测因变量，以探求自变量和因变量之间的因果关系，从而认识幼儿教育本质和教育活动规律的一种研究方法。

二、教育实验研究的特点

幼儿教育实验研究的特点主要表现在以下几个方面：

1. 具有可控制性

幼儿教育实验研究是在对变量控制的条件下进行的。研究者通过操纵自变量，控制无关变量，以确定自变量对因变量的影响。对有关变量的操纵和控制是幼儿实验研究的重要特点。

2. 具有主动性

幼儿教育实验研究不是被动地等待研究现象的自然出现，而是通过研究者主动操纵某些变量，以引起某种特定幼儿教育现象事实的发生或变化。

3. 揭示变量之间的因果关系

在幼儿教育实验研究中，由于研究者需要有效地控制影响实验结果的无关变量，因此，研究者可以确定实验中所操纵的自变量的变化对因变量所产生的影响，揭示出自变量与因变量之间的因果关系。

4. 以假设为先导

幼儿教育实验研究要求在实验前有一个明确的假设。假设是实验的前提，整个实验是围绕着检验假设而展开的。

5. 具有可重复性和可验证性

只要具备同样的实验先决条件，采用同样的实验措施，实验就可重复进行，获得的结果也将是一致的、可验证的。

三、教育实验的分类

根据不同的划分标准，可以把幼儿教育实验分成不同类型。这里着重根据实验控制条件的严密程度以及能否随机选择和分配幼儿（被试），把幼儿教育实验分为前实验、准实验与真实验。

1. 前实验

前实验是指缺乏控制无关变量的措施，内外效度均较差的实验。正由于效度较差，前实验的效果有待于检验。它可作为大型实验实施之前的摸底性实验。

2. 准实验

在实验中所使用的各幼儿组往往是那种已经形成的现成团体，操作中不能完全控制误差来源的实验，称为准实验。准实验是在自然的条件下，结合教育教学活动进行的，实验结果能更好地反映教育教学的实际情况，其结果比真实验具有更大的推广性。

3. 真实验

对实验变量的控制充分和广泛，在实验中能随机选择和分配幼儿，使实验在等组的情况下展开，能够有效操纵实验变量并能严格控制影响实验内部效度的无关变量，实验结果能客观地反映实验处理的影响的实验，称为真实验。真实验在变量控制上比准实验严密，实验结果比准实验精确可靠。但由于其不是在已经形成的现成团体中操作，在推广上应更加谨慎。

四、教育实验研究的基本程序

幼儿教育实验研究的基本程序一般包括选题、提出研究假设、进行实验设计、实施实验、总结实验几个步骤。

1. 选题

选题应遵循如下原则：

（1）价值性原则。选择幼儿教育实验研究课题首先应考虑课题研究的价值性。所选择的课题应对幼儿教育改革与发展、提高幼儿教育教学质量具有理论和实践意义。

（2）可行性原则。课题的可行性可以从主客观条件两个方面来分析：第一，研究人员的主观条件。所选课题应是研究人员能力所及的。研究人员必须具备与课题有关的学科知识、实践经验、研究能力和研究方法等条件。第二，完成课题的客观条件。是否具备完成课题所需要的仪器、设备，以及必要的人力、财力、时间、资料、被试（通常是幼儿）来源、有关部门的支持配合，等等。

（3）创新性原则。创新是科学研究的灵魂，所选择的幼儿教育实验研究课题应具有一定的新颖性、独创性。一方面可以选择前人从未研究过的首创课题；另一方面可以选择前人已研究过的课题，但在实验方法上有所突破，或从新的角度、新的侧面去研究前人已研究过的扩展性课题。此外，还可以选择国外虽已研究过，但国内尚未研究过的移植性的课题。

2. 提出研究假设

一个好的幼儿教育实验研究的假设应具备以下几个特点：

（1）有一定的科学依据。假设的提出要有一定的科学根据，应以一定的幼儿教育理论或教育教学实践中的经验和观察事实为依据，而不是毫无根据的猜想。

（2）具有一定的猜测性、假定性。假设是对自变量与因变量之间关系做出的推测，这种推测虽然有一定的幼儿教育理论或事实为根据，但根据往往不足，资料也不充分，在研究数据和事实未经证实之前，仍属于一种推测，具有假定性成分，其正确性有待于检验。

（3）具有可操作性，是可检验的。幼儿教育实验研究的目的是对实验中自变量和因变量之间的关系的假设进行检验，假设中所涉及的变量必须是可以操纵或测量的，操纵自变量和测量因变量的方法必须是切实可行的。若实验者不能有效操纵或测量变量，就难以对实验假设进行检验。

3. 进行实验设计

实验设计的内容主要包括：

（1）实验研究对象的选择。明确研究总体，确定总体中抽取的幼儿数量（样本的大小）以及抽样方法。在幼儿教育实验中，抽样方法主要有简单随机取样、分层随机取样、等距随机取样、整群随机取样和多段随机取样等。

（2）确定实验变量及变量的控制方法。明确实验中的自变量、因变量和无关变量，确定自变量的操纵方法、因变量的指标及测量方法、无关变量的控制措施。

（3）选择实验设计类型及处理数据的统计方法。

（4）安排实验的具体步骤。

此外，还要确定实验所用的材料和仪器设备、实验的时间和场所等等。

4. 实施实验

实施实验即严格按照实验设计方案进行实验。在实验中，对幼儿进行实验处理，观测由此而产生的效应，并准确客观地记录实验数据和资料。

5. 实验总结

实验总结包括对实验获得的数据、资料进行统计处理与分析，概括研究结果，形成研究结论，撰写实验研究报告。

（1）实验结果定量与定性分析。对实验获得的原始数据和资料所做的定量分析，一般从描述统计和推断统计两个方面进行。首先用描述统计对搜集到的原始数据、资料进行整理，通过制表、绘图、计算特征量数（如平均数、标准差、相关系数等），把数据特征定量地描述出来，这有助于了解样本数据的分布情况和特征；然后再以推断统计的方法用样本数据所提供的信息来推论总体。通过推断统计，我们能够判断在不同的实验条件下所观察到的差异究竟是不同实验处理的结果还是随机造成的偶然结果。定性分析是对实验结果进行质的分析，即运用分析与综合，归纳与演绎等逻辑分析的方法对实验结果进行分析、解释和评价。

（2）撰写实验研究报告。实验研究报告是科学研究的总结，应体现学术性、规范性和客观性。一个完整的实验研究报告，应在规定的有限篇幅内集中表述研究的目的和意义、方法和结果、分析和讨论，并给出明确的结论。一篇完整的幼儿教育实验研究报告一般包括标题、作者的姓名和所在单位、内容摘要、关键词、引言、方法、结果、讨论、结论和参考文献几个部分，具体要求之后有专门论述。

第二节　实验控制

幼儿教育实验研究的一个重要特点是对变量的控制。所谓“变量”是指在质量上或数量上可以发生变化的任何事物或现象。变量可以分为量的变量（连续变量）与质的变量（非连续变量）。在幼儿教育实验中，有三类重要的变量，即自变量、因变量和无关变量。对变量的控制是教育实验的精髓和关键。对变量的控制涉及两个方面：一方面是对实验需要研究的变量（即自变量和因变量）的控制；另一方面则是对无关变量的控制。

一、自变量及其控制

1. 自变量

自变量是由实验者操纵或选择的，对幼儿的反应产生影响的变量。有些自变量是可以由实验者操纵的，如给幼儿指导语的种类、不同的学习方法、不同的教学方法等；另一些自变量必须由实验者去选择而不能去操纵的，如性别、年龄、文化程度等涉及幼儿的变量。

自变量一般分为 4 种：一是刺激特点的自变量；二是环境特点的自变量；三是幼儿特点的自变量；四是暂时造成的幼儿差异的自变量。

2. 自变量的控制

（1）对自变量下操作性定义。为了在幼儿教育实验研究中能对自变量进行有效地操纵，就必须对所研究的自变量下可操作的定义。对自变量下操作性定义就是采用明确、统一、可以量化的术语对自变量进行严格的规定。操作性定义既明确了自变量的内涵，也明确了自变量操纵的方法。有了操作性定义，实验者才能有效地操作自变量。

（2）确定自变量的水平数目、范围和各水平之间的间距。在幼儿教育实验研究中，对于连续的自变量必须选择它的不同数目，所选择的自变量的水平值要足以反映自变量和因变量的函数关系。自变量的水平至少要 3 个，如果只有 2 个，则无法反映自变量和因变量之间真实的函数关系。

自变量的水平数确定之后，需要确定自变量的范围和各水平之间的距离。对于自变量范围的确定，前人的研究有时可提供参考，若无前人的经验，可通过预备实验来确定。确定自变量各水平之间的距离（即间距）的一个重要原则是自变量的两个不同水平要能引起幼儿的不同反应。间距的大小要依具体的研究情况而定。

二、因变量及其控制

1. 因变量

因变量又称反应变量，是指由自变量的变化引起的幼儿的某种特定反应的变量。因变量可以是定量的，也可以是定性的。

在幼儿教育实验研究中，因变量主要可归为 3 类：一是行为指标，如反应速度、完成任务的时间等。二是生理指标，如脑电图、血压等。三是教师或幼儿的自我报告，即教师或幼儿在实验时对自己内心活动过程所作的自我报告。因变量的行为指标和生理指标并不能直接说明教师或幼儿的内心活动，因此有必要在实验完成之后与教师或幼儿交谈，进一步了解教师或幼儿在实验过程中的内心活动，以便作为分析实验结果的依据之一。教师或幼儿的自我报告是重要的参考资料，它有助于我们了解和分析教师或幼儿的内心活动，把他们的自我报告、行为指标和生理指标结合起来分析、解释实验结果，会更全面，更能说明问题。

2. 因变量的控制

在教育实验中，对因变量的控制主要有以下几个方面：

（1）对幼儿反应的控制。研究者必须把幼儿的反应控制在实验者所期望的特定方面，对幼儿反应的控制主要通过指导语。指导语是指实验之前研究者为交代实验任务而对幼儿说的话。在实验之前实验者给幼儿指导语是很重要的一项安排。给幼儿指导语的目的是告诉幼儿在实验中应如何反应，即在实验中做什么、怎样做，使幼儿明确自己的任务。

不同实验所用的指导语在具体内容、细节和方式上有所不同，但规范的指导语必须符合这些要求：①指导语应首先声明本实验任务是通过幼儿的协作而进行的一项科学研究，并非针对幼儿个人，实验结果对幼儿个人不会产生影响，要求幼儿必须认真按照指导语的要求去做。②指导语的内容要确定、完全、简明易懂，避免用使人产生歧义的语句和专门术语，使幼儿能正确地理解指导语并知道在实验中应做什么、怎样做。为了检验幼儿是否真正理解指导语的内容并掌握实验要求，可以通过两种方式加以检查：一是让幼儿说明指导语中有关实验过程中的要求和规定，直到完全正确无误为止；二是在实验前进行几次预备试验，让幼儿从概念上的理解转化为操作上的熟练。③指导语必须标准化。指导语的标准化是指在实验中给所有幼儿的指导语都应当相同。

（2）选择合适的因变量指标。在一个实验中，当幼儿接受实验处理（即自变量操纵）之后，必须测量幼儿的反应（即因变量观测），以确定自变量对因变量的影响。用于度量幼儿反应的因变量指标的选择是否恰当直接影响实验的成败。在实验中应选择什么样的因变量指标，应依具体情况而定。

三、无关变量及其控制

1. 无关变量

在实验中，除自变量以外，会对因变量产生影响的一切因素称为无关变量。例如，在研究“两种教学方法对幼儿学习兴趣的影响”的实验中，实验者所操纵的教学方法是自变量，幼儿的学习兴趣是因变量。除了自变量（即教学方法）外，还有其他许多因素会影响幼儿的学习兴趣，如教材内容、教师的教学能力、集中活动的时间长短、课外辅导、幼儿的智力水平、家庭的学习环境及家长指导等等，这些因素都是实验中需要控制的无关变量。

2. 无关变量的控制

要做到对无关变量的控制，首先，应确定当前的实验中哪些无关变量会干扰实验结果。无关变量的确定，一方面可借助资料，若资料中没有提供这方面的信息，研究者又无法确定某个变量是否是无关变量，就需要先做一个尝试性的实验来确定；另一方面要凭研究者的知识经验和预见来确定。其次，应对无关变量有针对性地加以控制，控制无关变量常用的方法有：

（1）消除法。这种方法就是把影响实验结果的无关变量从实验中消除。这种方法对控制无关变量确实有效，但这种方法用得过分或使用不当也会带来另一些问题：实验情境与现实严重脱离，所得到的研究结果缺乏推论的普遍性；如果将无关变量消除得太“干净”，容易造成幼儿紧张、恐惧、不自然和态度上的变化等，使实验结果受幼儿的不正常变化的影响。因此使用这种方法应慎重。况且有些无关变量是无法消除的。

（2）恒定法。不能消除的无关变量可以采用恒定法加以控制。恒定法就是使无关变量在所有实验处理条件下都保持恒定不变。这样，接受不同实验处理的幼儿组受到这些无关变量的影响相同。

（3）效果平衡法。用消除法和恒定法控制无关变量有困难时，可以采用效果平衡法。在实验组和控制组内，无关变量保持基本相同，使它们对不同组的因变量的影响基本一致。由于不同组受到无关变量的影响相同，所产生的效果相等，故被平衡了。

（4）随机化法。随机化法是控制无关变量的一种常用的有效方法。根据统计学的随机抽取理论，用随机方法从总体中抽取幼儿参加实验，再将幼儿随机分组，这样得到的各幼儿组在各个方面应大致相等。随机化法是等组处理的基本方法之一。它确保已知和未知的机体的无关变量对实验结果不会造成系统误差。随机化法不仅应用于幼儿的选择和分组，还应用于呈现刺激的安排。如采用随机化法安排各种处理出现的顺序，以消除顺序对实验结果的影响。

（5）双盲实验法。在实验的过程中，实验者与幼儿本身也可能影响实验结果并成为混淆自变量的无关变量。控制这类无关变量的一种有效方法是采取双盲实验法。在实验中，不让实验者和幼儿知道实验的目的和意图以及幼儿接受什么样实验处理，即参与实验的双方都处在不知情的状态。实验处理可以由实验者和幼儿以外的第三者任意分派和给定。由于实验者不知道幼儿接受什么样实验处理，就无法给幼儿任何暗示，幼儿也难以根据实验意图以及实验者的期望做出反应。

（6）纳入法。这种方法是把影响实验结果的某种因素也当做自变量来处理，将其纳入实验设计中，成为多因素实验设计。这样，不但可以控制无关变量，而且还可以进一步了解变量之间的交互作用。

（7）统计控制法。指在实验完成后，采用统计方法把明显影响实验结果的因素分离出去，以达到对无关变量的控制。常用的方法是协方差分析。统计控制法主要用于控制那些用实验控制法难以控制的无关变量。

四、实验效度

实验控制的根本目的是为了提高实验效度。实验效度是评价一个幼儿教育实验研究是否具有科学性和有效性的重要指标。所谓“实验效度”就是指实验过程和结果能够回答所要研究问题的程度，即实验过程和结果的准确性和有效性程度。实验效度主要包括内部效度和外部效度。采取有效措施尽可能地提高实验的内部效度和外部效度是使一个教育实验获得成功的关键。

1. 实验内部效度

（1）实验内部效度的内涵。内部效度是指教育实验中的自变量与因变量之间因果关系的明确程度。如果因变量的变化确实是由特定的自变量而不是由其他无关变量引起的，实验中的自变量和因变量的关系明确，那么实验的内部效度就高；反之，就低。因此，内部效度的高低取决于对无关变量的控制程度。

（2）影响实验内部效度的因素。影响实验内部效度的因素主要来自幼儿、测量和实验程序、环境以及实验者本身 4 个方面，具体的影响因素有：

①历史因素。由于实验的时间一般较长，在实验期间发生的各种事件都可能对实验结果产生影响。在实验过程中，除实验处理外，对实验结果产生影响的特定事件称为历史因素。它对实验结果的影响会与自变量的影响相混淆，使研究者难以判断实验结果是由自变量引起的，还是由特定事件引起的，抑或是两者共同作用的结果。一般来说，实验时间越长，实验处理以外的其他事件的影响的可能性就越大。

②成熟。成熟指在实验过程中幼儿的身心随时间的推移而产生系统的变化，这些变化与特定的外界事件无关。如随着时间的推移，幼儿的生理、心理的发展，知识、经验、技能的增长，或者变得疲劳、厌烦等等，这些变化都可能与自变量相混淆而影响对实验结果的解释。对于年龄较小的幼儿，实验时间越长，自然成熟的影响就越大。

③前测。为了了解在实验处理之前各组幼儿是否等组，在实验前通常要对幼儿实施前测，前测的经验可能会影响幼儿在实验处理之后的测验成绩即后测成绩。幼儿在经过前测之后，熟悉了测验的内容和答题技巧，使幼儿在后测中表现得较为熟练，即使没有实验处理，也可能因前测经验的影响，而导致后测成绩的改变。

④统计回归。统计回归是指第一次测量得高分者或低分者，在第二次测量中测验分数有向平均数回归的倾向，即高分者由于向平均数回归而使测验分数降低，而低分者由于向平均数回归而使测验分数提高。在有前测、后测的实验中，当实验选用的是在某一特征方面具有极端分数的个体作为实验对象，就可能出现统计回归效应。

⑤测量工具的不稳定性。在实验过程中，因测量工具前后发生改变，如仪器性能的改变，或研究者对测量表的评判标准的变化，等等，都可能使测量到的实验结果受到影响。

⑥参加实验幼儿的缺失。在接受不同的实验处理之前，幼儿组是等组，但在实验过程中，由于种种原因使得某一组中途流失的幼儿人数多于其他组，导致幼儿组的差异，这样就难以确定不同幼儿组实验结果的差异是由自变量造成的还是由幼儿流失后产生的幼儿组的差异造成的。

⑦参加实验幼儿的选择。在实验中，由于未能采用随机化的方法来挑选幼儿组，使不同幼儿组在实验处理前就存在差异，即各组是非等组的。这样，实验处理前幼儿组的差异会与

实验处理的影响发生作用，无法确定不同组的实验结果的差异是由实验处理造成的还是由幼儿组原先存在的差异造成的。

⑧实验者效应、需要特征。实验者为了使实验结果证实其假设，在实验的过程中，可能以某种方式有意或无意地给幼儿以暗示、提醒或鼓励等，使幼儿的反应附和研究者的期望，这种现象称为实验者效应。需要特征是指幼儿通过一些线索或信息来指导他们在实验中的行为表现，幼儿在实施处理前了解实验的目的和安排或因参加实验而受到暗示，使实验结果受到影响。需要特征的典型例子是霍桑效应和安慰剂效应。在实验中实验者和幼儿可能以某种干扰实验的方式不知不觉地相互影响，这种影响与自变量的影响相混淆，从而影响实验的内部效度。需要特征、实验者效应是实验中值得注意的一个问题。

要提高实验的内部效度，必须根据实验的特定情景与实验操作过程中的实际情况确定影响实验内部效度的因素即无关变量，然后进行有针对性的干预与控制。一般地说，设置对照组（控制组）并增加前测，能有效地控制前测（练习效应）、成熟、测量工具不稳定、幼儿选择误差等影响因素。

2. 实验外部效度

（1）实验外部效度内涵。任何一项研究都希望其研究结论能够准确地推广，并对同类现象进行解释。外部效度是指实验结果的可推广的程度，即实验结论能够普遍推论到样本来自的总体和实验以外的情景与条件中去的程度。一项实验结果可推广的范围越大，实验的外部效度就越高，反之，就低。

（2）影响实验外部效度的因素。具体说来，影响实验外部效度的因素包括：

①幼儿样本缺乏代表性。幼儿样本必须是从总体中抽取的一个有代表性的样本，这样从样本得到的结果才能推论到样本来自的总体。要确保样本具有代表性就必须采用随机抽样。但在实际中，由于幼儿取样的偏差，所抽取的幼儿样本缺乏代表性，不能很好地代表总体，因此使实验结果难以推广到总体。

②实验情景的人为化。实验是在控制的条件下进行的，对实验变量的控制难以排除实验情景人为化的影响。一般来说，实验情景与现实情景差异越大，实验结论就越难以推论到实验以外的情景与条件中去，即外部效度就低。

③测验的反作用效果。在使用前测的实验中，前测可能会增加或降低幼儿对实验处理的敏感性。由于幼儿在前测时已经觉察自身正处在实验情境中，因此对后测就比较注意，致使他们本来的特征被有意或无意地掩盖下来，在这种情况下，有前测的实验结果就不能推广到未经过前测的群体中去。

要提高实验外部效度，一般要注意：采取合理的抽样方法，减少取样偏差，提高幼儿样本的代表性；使实验情景与实际的教育教学情景尽可能接近；在不同实验环境、不同的条件或选择不同类型的幼儿进行重复性实验，以寻求具有普遍意义的结论。

3. 实验内、外效度的关系

一般认为，内部效度是外部效度的必要条件，但不是充分条件，即一个实验的内部效度低，其外部效度必然也低，但内部效度高，其外部效度不一定高。内部效度低的实验结果本身就没有价值，对它进行推广就没有意义；而内部效度高，其实验结果却不一定能够普遍推论到样本来自的总体和实验以外的情境和条件中去。一项研究的内部效度再高，如果其实验结果只适合于特定的样本、特定的实验情境和条件等，不能进行普遍的推广，其价值和意义也不是很大。

第三节　实验设计

幼儿教育实验设计是研究者针对需要验证的实验假设，为有计划地搜集研究资料而预先建立设计方案。根据实验控制条件的严密程度不同以及能否随机选择和分配幼儿，可将实验设计分为前实验设计、准实验设计与真实验设计。

实验设计中常用的符号及其含义：

X：表示实验处理。不同的实验处理用 X_1、X_2、X_3……来表示；

O：表示实验处理前或实验处理后的一种观测或度量；

R：表示以随机化的方式选择和分配幼儿；

M：表示以匹配的方式分配幼儿；

G：表示幼儿组。

一、前实验设计

前实验设计往往只注重自变量和因变量的操作，忽视无关变量的控制。多数情况下，前实验设计是单组的，因此历史、成熟、测量的不稳定性，测验的敏感性和向平均数回归等因素由于缺乏比对而难以控制，这就使实验的内外效度均受到影响。前实验的幼儿通常是现有的团体，在实验效果说明上以纵向比较为主。常用的前实验设计类型有：

（1）单组后测设计。单组后测设计的基本模式为：

X	O

这个模式操作步骤为选择一个现有团体，如某个班级，直接操作自变量，然后做后测，以后测数据和过去成绩的比较说明实验的成效。由于缺乏对无关变量的控制，其效度最弱。例如希望通过图画故事阅读培养幼儿的创造性想象的前实验单组后测设计研究，由于图画故事阅读材料的选择是研究者操纵的变量，故而是自变量；幼儿的创造性想象是研究者操纵自变量所引发的变量，故而是因变量。此时的单组后测设计表现为：研究者直接选择各种图画故事阅读材料给幼儿讲故事等，然后测定幼儿的创造性想象能力，比较过去的状态看是否有提高。

（2）单组前后测设计。单组前后测设计的基本模式为：

O_1	X	O_2

这个模式操作步骤为选择一个现有团体，如某个班级，先做前测，然后再操作自变量，最后做后测，以前测和后测数据的比较说明实验的成效。由于有了前测，使得实验效果的可比度增加。但前测对实验效度的影响也随之产生。上述实验设计如果在选择各种图画故事阅读材料给幼儿讲故事之前，增加一道程序，实验前先对幼儿的创造性想象能力做专门的测定，即前测，那么 O_2 和 O_1 的比较就更有说服力。

（3）固定组比较设计。固定组比较设计的基本模式为：

X	O_1
	O_2

以这个模式操作上述实验，则是先做实验处理，即研究者直接选择各种图画故事阅读材料给幼儿讲故事，然后测定幼儿的创造性想象能力，接着将后测 O_1 与其他没有参加该实验的幼儿的创造性想象能力 O_2 进行比较，从而说明实验成效。

固定组比较设计就其本质而言，仍是单组后测设计，但它是对单组设计的重要发展。由于没有前测，其后测的比较缺乏对象，难以得出科学意义上的结论，故而采取补救措施，在实验组之外另找一个情况与之大致相当的，且没有接受实验变量作用与影响的群体进行相同的后测，然后通过后测结果的横向对比得出实验结论。在现实条件下，广大幼儿园开展的许多自发的教育实验，大多是不完全的无前测的单组设计，因此，固定组比较设计能够保持简便易行的特点，又由于实验效果可比性增加而大大提高了实验的科学水平。

二、准实验设计

不能采用随机化方法选择和分配幼儿，不能用真实验设计那样严格控制无关变量的实验，称为准实验设计。准实验设计使用的幼儿组往往是那种已经形成的现成团体，如现有的两个班级的幼儿、两所幼儿园的幼儿等。在幼儿教育科学研究中准实验设计有着广泛的应用，主要原因是幼儿教育实验研究的对象大都是幼儿，而孩子又来源于某一所幼儿园、某一个年级或某一个班级，若对幼儿采取随机选择和随机分配，就会将原有班级拆散，这样会影响正常的教学秩序。为了不影响正常的教学，研究者往往采用原有的班级，结合教学进行实验研究，并在可能的条件下进行实验控制。下面介绍几种常用的准实验设计类型。

1. 不相等控制组设计

（1）不相等控制组后测设计。不相等控制组后测设计的基本模式为：

G_1	X	O_1
G_2		O_2

上述实验若采用选择不相等控制组后测设计，则可选择两个现有的团体（如原有的教学班）作为幼儿组，随机指定一组为实验组（G_1），接受实验处理（X），即选择各种图画故事阅读材料给幼儿讲故事，另一组则为控制组（G_2），不接受实验处理，通过比较两组的后测成绩，即实验组和控制组幼儿的创造性想象能力测定结果，可以确定实验处理的效果。

不相等控制组后测设计的统计分析方法：一般采用独立样本的 t 检验对两组后测分数的差异性的显著性进行检验。

这种设计由于使用了控制组，因此，像历史、成熟、测量的不稳定性、测验的敏感性和向平均数回归等因素基本得到了控制，因为两组幼儿都同样地受到这些因素的影响。但该设计不是采用随机化方式选择和分配幼儿组，而使用的是现成组，各幼儿组在实验处理之前就可能存在差异。因此，在这种设计中，混淆自变量效果的一个重要来源是不等组，而这种设计没有使用前测，也无法判断在实验处理前实验组和控制组存在的差异大小。由于实施实验处理前挑选幼儿的偏差和缺少前测，因此这种设计的实验效度也不高。如果实验之前不能获得可以提供实验组与控制组相似程度的资料，则不应使用这种设计。因为这些资料虽然不能消除幼儿挑选上的偏差，但它们提供的信息可以避免对实验结果做出错误解释。

（2）不相等控制组前测、后测设计。不相等控制组前后测设计与不相等控制组后测设计相似，只是在实验处理前增加了前测，其基本模式为：

G_1	O_1	X	O_2
G_2	O_3		O_4

选择不相等控制组前后测设计，是在不相等控制组后测设计的基础上增加前测而成。这种设计操作要求是：先选择两个现成团体作为幼儿组，如某幼儿园某一年段的两个班，或两所幼儿园的孩子等，随机确定一组为实验组（G_1），另一组为控制组（G_2），两组先接受前测，然后对实验组实施实验处理（X），控制组不接受实验处理，再对两组进行后测。

不相等控制组前测、后测设计的统计分析方法：可以采用独立样本的 t 检验或协方差分析。当实验组和控制组的前测分数没有显著性差异时，可采用独立样本 t 检验对两组后测分数的平均数差异进行显著性检验；当实验组和控制组的前测分数有显著性差异时，应采用独立样本 t 检验，对分别求出的两组增值分数的平均数差异进行显著性检验；还可以采用协方差分析，即用前测分数去调整后测分数，调整之后，就可从后测分数中消去因幼儿组的原先水平差异对实验结果造成的影响，使实验结果更准确可靠。也可以使用曼·惠特尼 U 检验或中位数检验。

这种设计使用了控制组，像历史、成熟、测量的敏感化、测量工具的不稳定性等无关变量对内部效度的影响基本得到了控制，因为两组幼儿都同样地受这些因素的影响。这种设计使用了前测，研究者可以根据前测分数了解实验处理之前各幼儿组之间的差异情况，以确定各组的相似性，为解释不同组后测分数的差异提供了基础。假如实验组和控制组的前测分数相近，无显著性差异，而两组的后测分数有显著性差异，说明实验处理是有效的。假如实验组和控制组的前测分数有明显的差异，在解释实验结果时应考虑两组幼儿在实验处理前的已有差异对实验结果的影响。

然而，在这种设计中，所使用的实验组和控制组是现成组而不是随机组，实验组和控制组在实验处理前的差异会与实验处理的影响相混淆，造成对实验结果解释的困难。此外，由于使用了前测，造成幼儿对后测的敏感性，使实验的外部效度受到影响，有前测的实验结果难以直接推广到无前测的群体中。

当采用随机等组的真实验设计有困难时，面对的是现成的团体，在不能做到随机选择和分配相等幼儿组的情况下，不相等控制组前测后测设计是一种较常选用的准实验设计类型，在教育实验研究中应用最为普遍。

2. 时间序列设计

时间序列设计是一种借助多次重复测量的一种前测后测设计。这种设计是在实验处理之前对幼儿进行周期性的多次重复测量，建立一条反应的基线模式。然后引进实验处理，实验处理之后再进行周期性的多次重复测量，建立一条反应模式。如果接受实验处理后的反应模式不同于先前的基线模式，表示原来的反应的基线模式连续性受到中断，便可推断这种变化可能是由自变量的影响所导致。时间序列设计可分为两种：单组前测、后测时间序列设计和不等比较组前测后测时间序列设计。

（1）单组前测后测时间序列设计。单组前测后测时间序列设计的基本模式为：

G	O_1	O_2	O_3	O_4	X	O_5	O_6	O_7	O_8

这种设计只有一个实验组，没有控制组，在实验处理前后对实验组进行周期性的多次重复测量。前测、后测的次数可以相同也可以不同，至于进行多少次前测、后测，要根据实验研究的需要而定。

例如，上述实验运用单组时间系列设计来检验图画故事阅读对于培养幼儿的创造性想象的效果，可把所教的班作为实验组，前四周采取传统方式进行教学，并做出前四周测定结果的曲线图。第五周在这个班安排一定的时间来进行图画故事讲解与阅读，即采取实验处理措施，在随后的 4 周继续采用传统方式进行教学，并做出后四周测定结果的曲线图。如果图画故事讲解与阅读比传统方式更有效，幼儿的创造性想象能力确实得到提高，那么后四周的幼儿的创造性想象成绩就会比前四周的幼儿的创造性想象成绩明显更好，在曲线图上前测、后测对比上表现出稳定上升的趋势。

单组前测后测时间序列设计的统计分析方法：先将实验处理前的各次测量结果求出回归方程（直线回归或曲线拟合），然后按照外推法，将未进行实验处理后的各次测试时间上的结果推算值计算出来，然后与实验处理后的观测值进行比较，采用相关样本的 t 检验。

这种设计使用了重复测量，重复测量程序使研究者有可能控制像成熟、流失等之类的无关变量的影响。如果无关变量在实验中起作用，那么成绩的变化将会在前测、后测的多次测量中表现出来。如果实验处理有影响，那么实验处理将会正常地引起后测量数附加的变化。这种变化有别于无关变量在前测中引起的一般成绩变化，也有别于无关变量在后测中引起的一般成绩变化。这种设计的主要缺点是：不能控制历史因素对实验结果的影响，也无法控制因对幼儿反复测量而导致幼儿的疲劳、厌烦或对测量的敏感而影响实验结果。这种设计常用于不能设置控制组的情况。

（2）不相等控制组前测、后测时间序列设计。不相等控制组前测、后测时间序列设计的基本模式为：

G_1	O_1	O_2	O_3	O_4	X	O_5	O_6	O_7	O_8
G_2	O_9	O_{10}	O_{11}	O_{12}		O_{13}	O_{14}	O_{15}	O_{16}

不相等控制组时间序列设计是单组前测、后测时间序列设计的扩展，在单组前测后测时间序列设计增加一个不接受实验处理的控制组。

不相等控制组前测后测时间序列设计的统计分析方法：可以采用独立样本的 t 检验，即计算两组各自的一系列前测成绩的平均数与一系列后测成绩的平均数的增值，对两组成绩的增值进行差异的显著性检验。

在单组前测后测时间序列设计无法剔除像历史、测量不稳定性等因素的影响时，在不相等控制组前测、后测时间序列设计中，增加一个不接受实验处理的控制组，使用控制组为实验提供比较，它可以控制像历史、测量不稳定等因素的影响，从而提高了实验的内部效度。但系列的前测、后测所引起的幼儿的疲劳、练习效应以及对测量的敏感等会降低该设计的外部效度。

3. 相等时间样本设计

（1）相等时间样本设计模式。相等时间样本设计的基本模式为：

G	X_1O_1	X_0O_2	X_1O_3	X_0O_4

这种设计的基本程序是：先在一段时间里对一组幼儿实施实验处理，进行测量（X_1O_1），接着一段时间取消实验处理，采用控制处理，进行测量（X_0O_2），接着再对幼儿进行一段时间的实验处理，进行测量（X_1O_3），而后一段时间再取消实验处理，进行测量（X_0O_4），然后，比较这两段时间测验的成绩。这种设计的主要特点是，实验处理与控制处理在相同的时间内交互间隔出现，各幼儿均重复接受这些处理。

例如，想要了解反馈学习对幼儿学习积极性的影响，就可以采用这种设计。选择一个班级，对该班的幼儿进行一周时间的有反馈学习，测量学习积极性，接着一周时间进行无反馈学习，测量学习积极性。接着再进行一周时间的有反馈学习，测量学习积极性，而后再进行一周的无反馈学习，测量学习积极性。有反馈学习与无反馈学习在同一个班级中相继出现，看两段时间的学习积极性是否有显著性差异。

（2）相等时间样本设计的统计分析方法。可采用方差分析法，从以下 3 个方面进行统计分析：第一，可以对实验处理的影响进行分析。通过将 O_1、O_3 的平均数和 O_2、O_4 的平均数进行比较，可以确定实施实验处理（X_1）与实施控制条件（X_0）的不同效果。第二，可以对测定的顺序效应进行分析，以确定时间效应。将 O_1 和 O_3 与 O_2 和 O_4 的平均数进行比较，可以了解在实验处理条件下以及控制条件下的顺序效应的影响，以确定时间效应。第三，可以通过对实施不同实验条件与实施顺序之间的交互作用的分析来检验不同处理效果在不同时间系列中的不同变化。此外，也可采用相关样本的 t 检验，通过对 O_1、O_3 的平均数和 O_2、O_4 的平均数进行差异的显著性检验以确定实验处理的影响。

（3）相等时间样本设计中影响外部效度的因素。这种设计能较好地控制影响内部效度的各种因素，如历史、成熟、测验选择等，因此有较高的内部效度。缺点主要在外部效度方面，在这种设计中，影响外部效度的一些因素无法得到有效的控制，这些因素有：

①实验安排的反作用效果对外部效度的影响。在该设计中，不同的实验条件被实施于同一组幼儿，幼儿很容易知道自己在接受实验，因此实验结果不能推广到无这种反作用的群体。

②测验的反作用效果对外部效度的影响。一组幼儿在实验中接受多次测验影响了对实验变量的敏感性，从而使实验结果的推论受到限制。

③幼儿的选择偏差与自变量的交互作用对外部效度的影响。该设计只使用一个幼儿组如某个班级，幼儿的选择可能存在偏差，所得到的结果只适合于和参加实验的幼儿具有同质性的群体。

④重复实验处理也会对外部效度产生影响。该设计的实验结果不能直接推广到没有重复实验处理的情境中去。

在没有控制组的情况下，对两种实验条件（X_1 和 X_0）进行比较研究，可以采用这种设计。它被广泛应用于学生的学习效应的研究。

4. 修补设计

(1) 修补设计模式。修补设计的基本模式为：

G_1	X	O_1		
G_2		O_2	X	O_3

选择两个团体作为幼儿组，对其中一组（G_1）实施实验处理（X），然后进行后测（O_1）。对另一组（G_2）先进行前测（O_2），然后接受实验处理，再进行后测（O_3）。G_1 组的前测若能安排与 G_2 组的后测同时进行是最理想的，但在有困难的情况下也可先后进行，间隔时间宜短。

当研究者面对的幼儿人数很多，又不可能同时给每个幼儿实施实验处理时，可以考虑使用修补设计。例如，某幼儿园要举办一个新的阅读方法的培训班，由于报名参加的学生很多，因此，培训要分批进行。如果研究者想研究培训的效果，这时可采用修补设计，先对第一批学生进行培训（X），然后测试他们培训后的成绩（O_1）。同时对第二批将要培训的学生进行同样内容的前测（O_2），经培训后再进行后测（O_3）。如果第二批学生的前测成绩与第一批学生的后测成绩的差异程度和第二批学生的前测后测成绩差异程度一样明显，则说明这种培训是有效的。修补设计特别适合于分批培训的研究，它允许研究者从计划进行的训练中途开始实验。

(2) 修补设计的统计分析方法：把 G_1 组的后测成绩（O_1）与 G_2 组的前测成绩（O_2）比较，G_2 组的前测成绩（O_2）和后测成绩（O_3）比较，可以确定实验处理的影响。若 O_1 和 O_2 的差异程度与 O_2 和 O_3 的差异程度同样明显，说明实验处理的影响效果显著。

这种设计能较好地控制成熟、历史和幼儿选择等因素对实验结果的影响。O_1 和 O_2 的比较，可控制成熟、历史因素的影响。O_2 和 O_3 的比较，可控制幼儿的差异对实验结果造成的影响。

在使用两组或两组以上的现成幼儿组的准实验设计中，由于所选的现成幼儿组可能是非等组的，因此，对实验的内部效度造成影响。为了提高准实验设计的内部效度，在选择幼儿组时，应尽可能选择相似的现有团体，使各组的相关变量尽可能相似，以减少幼儿组的差异。如在研究利用多媒体教学方式是否能有效地提高幼儿对数学的理解水平时，为了不影响正常的教学活动，可以在同一个年级中选择两个现成的班级参加实验。为了避免幼儿组的差异对实验结果生产影响，应尽可能挑选数学水平相近的两个班级作为实验对象，随机将其中的一个班确定为实验组，利用多媒体进行教学；另一个班为控制组，仍按原有传统方式进行教学。经过一段时间的教学，对两个班的数学成绩进行测量，作为后测成绩。接着用独立样本的 t 检验对两组前测、后测成绩的差异进行显著性检验，以确定多媒体教学方式对提高孩子对数学的理解水平是否有效果。

三、真实验设计

真实验设计操作要求较高。凡是能随机选择和分配幼儿，能有效操纵变量并对影响实验结果的无关变量采取严格控制的实验设计均属于真实验设计。可以从不同方面将真实验设计分为不同的类型，研究者在选择真实验设计时，须考虑以下几个方面的因素：第一，所操纵的自变量的数量；第二，自变量水平（实验处理）的数量；第三，分配幼儿接受实验处理的方式——是让所有的幼儿接受所有的实验处理，还是将不同的幼儿随机分配或匹配到不同的实验处理中去，每一个幼儿只接受一种实验处理；第四，是否使用前测。这些方面的不同组合就形成许多真实验设计的类型。

常见的真实验设计有：

（1）随机组后测设计。随机组后测设计中最简单的一种就是随机两组后测设计，即实验组控制组后测设计，其基本模式为：

RG_1	X	O_1
RG_2		O_2

在这种设计中，按随机化原则从总体中选择幼儿并随机将幼儿分为两组，一组为实验组（RG_1），接受实验处理（X），另一组为控制组（RG_2），不接受实验处理。然后对实验组和控制组实施后测，比较两组的后测成绩（O_1 和 O_2），以确定实验处理的效果。

例如，要探讨幼儿园领导和教师交换意见的机会是否有助于提高教师的工作积极性。研究者可以从某幼儿园中随机抽取一部分教师参加实验，将这些教师随机分为两组，随机指派一组作为实验组，另一组为控制组。实验组的教师每周有一次机会和园长交换意见，商谈校务和教学事宜。控制组则无此机会。经过一个学期的实验后，对两组教师都进行一项“教师工作态度”问卷的测试，然后比较两组教师的工作态度是否有显著性差异，以确定幼儿园领导和教师交换意见的机会（即实验处理）是否对提高教师工作积极性产生影响。

（2）随机组前测后测设计。这种设计是在随机组后测设计中增加了前测。使用前测的目的是为了确定随机抽取和分配得到的随机幼儿组在实施实验处理之前是否真正同质、具有可比性。在不能确保随机幼儿组是否等组的情况下，应考虑使用前测。如果在实验设计中使用的是大的随机样本组，一般不需要前测。因为大的随机样本倾向于产生等组。如果是使用小的随机样本组，研究者就必须认真考虑进行前测，因为小样本组常常会有偏差，即实验处理前各幼儿组本身就有差异。随机组前测后测设计又可分为随机两组前测后测设计（即实验组控制组前测后测设计）和随机多组前测后测设计。

实验组控制组前测后测设计的基本模式为：

RG_1	O_1	X	O_2
RG_2	O_3		O_4

对于随机两组前后测设计可以采用以下两种统计分析方法：一是采用独立样本的 t 检验，具体做法是将每一名幼儿用其后测成绩减去前测成绩，分别求出两组增值分数的平均数，再对两组前后测的增值分数进行差异的显著性检验。也可采用曼·惠特尼 U 检验或中位数检验；二是协方差分析法，将前测分数作为协变量，对实施实验处理前两组间的差异进行控制和调整，使后测成绩不受前测成绩的影响。协方差分析法被认为是这种设计最适当的统计分析方法。

（3）所罗门四组设计。所罗门四组设计的基本模式为：

RG_1	O_1	X	O_2
RG_2	O_3		O_4
RG_3		X	O_5
RG_4			O_6

在所罗门四组设计中，将幼儿随机分为四组，两组为实验组（RG_1 和 RG_3），两组为控制组（RG_2 和 RG_4），两组实验组和两组控制组中各有一组有前测，一组无前测。

为了确定随机抽取和分派得到的两组幼儿是否真正同质，在实验处理前引入前测。但引入前测造成幼儿对后测的敏感可能与实验处理产生交互作用，导致其与自变量的混淆。为了保证两组真正同质，同时防止其与自变量的混淆，所罗门把随机组设计中的实验组控制组的前测后测设计和实验组控制组后测设计糅合在一起，形成了一种独特的设计，这就是所罗门四组设计。这种设计可以将前测的反作用效果分离出来，以检验实验处理对后测的影响。这种设计是一种内外部效度较高，较为理想的实验设计。

所罗门四组设计的统计分析方法：一般采用独立样本 2×2 的方差分析来分析各组的后测成绩，以确定自变量以及前测对实验结果的影响。

思考题

1. 什么是实验变量？实验变量有哪些？
2. 影响幼儿教育实验内在效度的因素有哪些？试举例说明。
3. 什么是实验效度？举例说明实验内外效度的关系。
4. 为什么固定组比较设计是对单组后测设计的补救和发展？
5. 不相等控制组前后测设计的基本模式如何？某幼儿园中班计划开展“通过游戏化教学的方式培养幼儿的数概念”的实验，若采用不相等控制组前后测设计，请说明其实验步骤。

第七章 个案研究

教学目标

1. 理解个案研究的含义和特点；
2. 知道个案研究的基本类型；
3. 掌握个案研究的实施步骤；
4. 能尝试对某幼儿或某幼儿教育事件进行个案研究。

个案研究又称个案法，严格来说，它既是一种研究方法，也是一种研究策略。个案研究是在广泛搜集个案对象资料的基础上，详细了解个案现状及发展过程，对个案的典型特征进行深入而缜密的分析，进而确定问题症结并提出改进性建议的一种教育研究。个案研究具有研究对象单一典型性、研究方法灵活综合性、研究过程全面深入性、研究结果描述性、研究方式跟踪性等特点，是幼儿教育工作者常用的研究方法之一。

第一节 个案研究概述

一、个案研究的含义与特点

个案研究源于19世纪的欧洲，到20世纪初期个案研究才在社会科学研究中得到承认并被广泛运用，这期间使用这种方法最多的是美国芝加哥学派的研究人员。20世纪20年代，质的研究与量的研究之间形成了激烈的辩论，个案研究也随之逐渐淡出人们的视野，取而代之的是量的研究方法，因为个案研究与被西方推崇的定量研究相比，容易给人一种不科学、不客观的印象。20世纪50年代，定量研究成为主流的研究范式。10年之后，人们逐渐认识到量化研究的局限性，个案研究又重新受到人们重视。近年来，个案研究以其特殊功能和优势在西方也逐渐被接受和应用，并获得了较大的发展，被广泛应用于社会学、人类学、医学、教育学等诸多领域研究。

在教育和心理研究中，曾有许多研究者以个案研究为主要研究方式，并取得了重大的研究成果。如精神分析心理学的开山鼻祖弗洛伊德就是基于临床个案患者的心理观察与治疗而进行精神分析理论研究；我国著名幼儿教育家陈鹤琴对其儿子做了长达808天的个案追踪研究，写就了《儿童心理学》及《家庭教育》。个案研究在研究具有特殊意义的个体和教育案例中发挥着成组研究不能替代的作用，同时其在操作使用上具有简便易行等优点，已成为深受广大教师和教育研究者欢迎的一种常用教育研究方法。

1. 个案研究的含义

所谓个案研究，是指对单一的研究对象进行深入而具体研究的一种方法。这里所谓的“单一的研究对象”，既可以是个人，也可以是个别团体或机构；既可以是具有特殊性（个案本身所具有的某种独特的特点），也可以是具有典型性（个案对某类总体的代表性）的，如对某个情绪障碍儿童的语言问题与早期干预的研究，或对某个优秀的幼儿教师教育能力形成过程的个案分析，对某个幼儿园园本课程开发的个案研究等。

以往的个案研究常用于对某些特殊性个案的研究，如用于研究特殊儿童（超常儿童、弱智儿童或残障儿童）、问题儿童等。目前，个案研究已不局限于这样狭小范围，而已拓展到对某些典型性个案的研究。典型性个案研究，也称为“解剖麻雀法”研究，它是在对研究对象总体有所了解的基础上，选择个别有代表性或典型性的个体、单位、事件进行全面深入的考察和分析，并以此推断总体情况，如黄娟娟等人所作的“关于优秀幼儿教师教育行为研究”，就是通过选取邵黎柳等 8 位优秀幼儿教师而展开研究的。

2. 个案研究的特点

（1）研究对象的单一性。个案研究是以单个的个体、团体或机构作为研究对象，研究对象数量少且目的具体，易于对研究对象进行全面深入而精致的分析和研究，精准地把握研究对象的本质特征。但同时，也由于个案研究的对象不多，其代表性有限，因而推广价值有待推敲。即使是典型性个案研究，其研究结论也难有普遍性意义，推广应用的价值受限，通常只是为人们提供借鉴经验而已。

（2）研究方法的综合性。虽然个案研究是以个案为对象的一种研究，但运用时并不是孤立的，相反，在进行个案研究时，由于所搜集的研究资料的多样性，通常要采用教育观察法、教育调查法、教育实验法、教育测量法等多种研究方法或手段。因为只有这样，才能尽可能地搜集到所需的多样资料，以便对研究对象进行全面系统的分析。如要了解个案的家庭背景、个人基本情况，就需要运用访谈、观察等方法；要了解个案现状，则需通过参与观察、分析作品等来进行；要了解个案的智力、性格等有关资料，就需使用心理学的测量、测验等方法；而要了解个案身体方面的资料，甚至需要作医学方面的体检。

（3）研究时间的长期性。在个案研究中，要对研究对象进行深入的了解，理清个案发展的来龙去脉，把握个案全貌，探究问题的成因，往往需要花较长的时间持续研究。有的个案研究在诊断基础上会对研究对象进行指导性干预，此时还要对所干预的效果作跟踪观察分析与研究。有的研究者作个案追踪研究，需要很长时间，有的甚至追踪几年或几十年。个案研究时间长期性这一特点，给研究者工作的开展带来许多困难。因为随着时间的流逝，研究对象和研究条件，甚至是研究者可能会发生很多的变化，这就导致个案研究经常出现半途而废的状况。

（4）研究结果的描述性。一般来说，个案研究的结论是对研究对象丰富而且极为详细的描述，通过讲述研究中的一个个事件、故事和对研究过程中的“实物”进行生动、细致的描绘，进而引领读者更好地理解研究的个案。个案研究既可以研究个案的过去，也可以研究个案的现在或未来，所以有充分的可以描述的空间。因为个案研究的对象比较集中，所以研究时就有更多的时间对研究对象进行全面、深入、透彻的分析和探究。个案研究注重跟踪性的描述研究对象，而非仅仅是传达一些统计的数据结果。

二、个案研究的优势与局限

1. 个案研究的优势

（1）采用多元的研究方法搜集资料。个案研究一般以单个或者一个个案群为研究对象，经常可以使用各种方法，如观察、访谈等搜集资料，与实验等研究法相比，可以得到更完整的资料，更全面地了解个案相关问题及其问题产生的相关因素。

（2）资料的搜集具有较大的弹性。有关个案资料的形式、数量、来源、搜集程序、搜集方法并没有严格的限定，研究者有弹性的决定空间。

（3）研究对个案具有价值。由于研究是在实际情景中执行的，在研究中，研究者与研究个案的互动会促使个案反思、改变。除此之外，不论在研究过程中，还是研究结果呈现时，都要考虑研究本身对个案的价值。

2. 个案研究的局限

（1）需要搜集大量的资料。个案研究以阐释学和现象学为哲学基础，这种方法注重对个案和研究问题作全方位、透彻的了解，以便更好地站在研究对象的立场认识问题。因此，这种方法在使用时必须花费许多的时间、心力来搜集大量的资料。

（2）确定与个案有关的因素较为不易。个案问题产生的原因一般错综复杂，个案研究通常会搜集很多与个案有关的资料，但是面对纷繁复杂的资料，很难判断到底哪些与个案问题有关，哪些无关。

（3）研究结果的普适性有待考证。个案研究的意图从本质上来说不在于将研究结果推广到研究对象以外的其他个案，而且研究对象多数集中于特殊的对象，所以研究结果的诠释、分析只有在详细叙述脉络背景的情况下，方才有可能供人思索：在类似的情境中如何应用。

三、个案研究的类型

按照不同的分类标准，个案研究可分成不同的类型。

1. 按研究的对象分类

（1）个体类个案研究。个体类个案研究，是指对单一的个体单位进行连续、系统的个案研究。这一“个体”可以是某一个人、某一团体、某一事件。如对某位优秀幼儿教师的专业成长历程的个案研究，对某一幼儿园管理特色的个案研究等。

（2）群体类个案研究。群体类个案研究，是指对具有同一特征的群体作连续、系统的个案研究。这个“群体”既可以是一类人，也可以是一类现象、一类团体、一类事件等。如中国科学院心理研究所对超常儿童群体的研究，上海市青少年研究所对独生子女群体的研究，某研究者对某地区幼儿园园长素质的研究等。

2. 按研究的时间取向分类

（1）溯因性个案研究。溯因性个案研究是指研究者运用各种手段，对某种已发生的教育现象或研究对象已形成的某种身心品质进行系统的考察，以探究其发生或形成的原因的个案研究。如对某语言障碍儿童的研究。

（2）追踪性个案研究。追踪性个案研究是指研究者从选定的时间开始，在往后一段较长的时间里，对研究对象进行有计划的跟踪考察，以分析和揭示其发展变化的过程与趋势的个案研究。如对某儿童语言发展特点的研究。

3. 按研究的目的分类

（1）描述性个案研究。描述性个案研究是指研究者采用各种方法详尽地搜集与个案有关的资料，并基于丰富的资料，对产生某种或某几种行为的特点原因进行分析，并加以精确描述的个案研究。

（2）实验性个案研究。实验性个案研究是指研究者针对所要研究问题的性质、特点，提出假设，通过操纵自变量，控制无关变量，观测因变量，获得有关变量关系的有说明性的数据或比较确凿的资料，以测定被观察的行为变化与实验变量的关系的个案研究。如对降低某攻击性儿童打人行为频率的个案研究，实验处理为：每小时内如无打人行为就给一个奖品（该儿童喜欢的小玩艺或其他东西），采用 ABAB 循环法。结果显示：实验处理是有效的，即实验措施能有效地降低该儿童的打人行为频率。

除此之外，还可以按研究的内容将个案研究分为诊断性研究、指导性研究和探索性研究。诊断性研究主要用于考察特殊儿童、研究精神病患者的问题行为，目的在于对问题儿童和问题行为做出诊断。指导性研究，广泛应用于教育领域，比如新的教学方法、方式、途径的尝试，然后试图将研究成果推广到普遍的教育实践当中去。探索性研究一般主要用于某些研究的准备阶段，通过以点带面形成对研究对象、研究过程的初步认识和预想，以便研究工作能顺利开展。

四、个案研究的意义

1. 个案研究有利于促进研究对象更好地发展

通过个案研究，能提供研究对象各方面详细的个案资料，从而对一些教育现象的产生与发展的过程及其所形成的原因进行深入而细致的考察，同时为研究对象的发展提出有针对性的教育建议和措施，这有利于因材施教经验原则在教育实践中的贯彻落实，有利于促进研究对象更好地发展。

2. 个案研究能为理论的发展提供特殊例证

个案研究对象虽是单一的“个体”，但这一“个体”并不是完全孤立的，它是整体中的个体，是与其他个体相联系的。个案研究所提供的典型材料能够增强人们对教育、心理等领域罕见现象的了解，成为某种概括化理论的基础，成为描述教育、心理理论观点的具体例证，从而丰富相关的教育、心理理论研究成果。在现代心理学研究，尤其是认知心理学的研究中，常常要借助于个案研究材料来丰富一般研究的基本结论。如关于儿童元认知的研究就借助了大量个案研究的具体材料，来佐证研究所得出的一般结论。

第二节　个案研究的基本程序与要求

一、个案研究的基本程序

1. 课题的确立

在开始个案研究前，首先要确立研究课题或研究问题的性质。教育领域的个案研究大多都是为了解决教育实践过程中遇到的问题，因此，研究问题的确定直接影响到研究工作的意义与成效。

一般来说，课题确立需要考虑3个原则：第一，价值型原则，即研究问题是否有创新，是否有理论价值与一定的现实指导意义。第二，科学性原则，即研究的问题要有一定的科学理论作为依据。第三，可行性原则，即要考虑是否具备研究的主客观条件。同时，还要注意研究问题应以研究课题或题目的形式明确地反映出来，即研究题目应该能简单、具体地展示出个案研究对象、研究问题和研究方法。

2. 个案研究对象的选定

个案研究对象的选取，关系整个研究活动的价值。在选择个案研究对象时，除了要根据具体研究目的和内容来确定外，还应着重考虑以下两个问题：

（1）研究对象的独特性。个案研究所选定的研究对象应在某个（些）方面具备较同类的其他个体有明显突出的行为特点。不具有独特性的个案显然是没有多少研究价值的。例如，研究班上语言能力发展很好的幼儿，可以为其他幼儿语言发展提供借鉴经验；研究班上语言能力非常差的幼儿，也可以为其他幼儿的语言发展提供前车之鉴。如果研究语言能力普通的个别幼儿，则可能使得个案研究的价值大大缩水。

（2）研究对象的可行性。个案研究所选定的研究对象，应在一定程度上可以被研究者按计划、有效地展开研究。在一些个案追踪研究中，由于研究周期相对较长，在开展研究时，研究者应充分考虑到研究对象在预期的研究过程中的相对稳定性，不会在研究过程中因其他原因而“流失”；在研究特殊儿童，如问题儿童等，应考虑研究对象在研究过程中的合作性，不会因对研究活动产生过度的抗拒心理而导致研究失败。

3. 制定研究计划

制定研究计划首先要弄清楚研究的背景、目的和意义，即明确是在什么状况下提出的研究问题，这个问题研究为什么要进行，研究的价值是什么，需要解决什么问题，类似的研究是否已经有人做了，做了什么，等等。

除此之外，研究计划中还应该包括研究对象和研究范围的限定。对研究范围的界定会直接影响到研究成果和其适用范围，因此为了使研究成果具有最大化的实践意义，必须选择绝对典型和具有代表性的研究样本，从而保证研究能够说明某一类问题、人群或情景等。研究计划的重要作用在于时时刻刻地提醒研究者最初的研究目的，并使研究者预计研究中可能遇到的问题。Stake（1995）提出了六点说明，以期帮助研究者制定个案研究计划，保证个案研究计划的确切性。这六点说明分别是：

（1）研究个案：是否确切地界定了个案？

（2）研究问题：是否确定了主要的研究问题？

（3）资料来源：怎样充分掌握资料的来源？

（4）个案选择：所选择的个案是否合理？

（5）资料搜集：是否有列举资料搜集活动？

（6）研究效度：是否有机会进行资料的三方检定？

4. 资料的收集

搜集资料之前，研究者一定要提升自己开展个案研究的特质。首先，研究者要能够包容“模糊性”的存在，这主要是因为个案研究过程中并没有一套固定的研究设计方案以及资料搜集方式，研究者需要在这种不确定的过程中去准确地搜集相关的资料。其次，研究者还必须具备一定的敏感性，即研究者必须做到对情景脉络与变项敏感，对所要搜集的信息敏感。研究者要对个案形成一个全面的、完整的认识，尽量综合地采用多种方法与手段来收集详尽的相关资料。不同的个案研究需要收集的资料和方法往往会随研究的目的和内容不同而不尽相同。

（1）搜集的内容。

①反映研究对象基本情况的资料。这类资料主要是有关个体（包括团体中的每个成员和事件当事人）的姓名、性别、年龄、出生年月、身高、体重、健康状况、疾病等信息。

②反映研究对象活动和成长过程及发展状况的资料。这类资料主要包括幼儿手册、个人档案、学习或发展评定记录、个人作品（包括作业本、手工作品、绘画作品、教育笔记等）和研究者实施的各种测验的记录、教师评定、同伴的评价以及所得的奖励和惩罚等。

③反映研究对象所在单位（或团体）情况的资料。这类资料主要是指研究对象学习或工作所在单位的基本情况，如人数及职务、年龄结构、经济状况、规章制度、管理措施等。

④反映研究对象的家庭与社会背景的资料。这类资料主要包括父母和家庭其他成员的年龄、职业、兴趣爱好、受教育程度以及家庭经济状况、居住地区的文化状况、研究对象在家庭和社区中的地位、主要活动及情感交流等。

以下为“某自闭倾向幼儿教育策略的个案研究”中所搜集的部分资料的样例：

小丽（化名），女。生于2006年9月。其父母婚后多年不育，四处求医，终于在结婚7年后有了小丽。小丽出生后，父母对其宠爱至极、有求必应。但该生入园后行为表现出极大的异常，引起了许多教师的关注。根据老师的描述，小丽的异常主要表现在以下几个方面：

①情绪方面。父母家长反映小丽从刚入园就有排斥情绪，早上不愿意去幼儿园。教师也观察到小丽在每天早上入园时，都不愿意家长离去，稍一离身便哭泣大闹。教师和家长费尽心思才能让她安静下来。这种现象已经持续了一学期多，异于其他幼儿。

②交流沟通方面。小丽在园极少与其他幼儿交流。教师也很难和其交流。上课期间，她总是一人待在角落旁观，完全不融入集体活动，并拒绝回答教师的所有问题。对于教师的提问、追问，还经常用哭泣来“回答”。

③活动方面。在园期间，小丽拒绝一切游戏、集体活动。别的幼儿在教师引导下做游戏，小丽却只是独自玩耍，对其他人不闻不问。任凭教师怎样耐心引导，也没作用。

④用餐方面。午餐时间，其他幼儿都在保育员帮助下基本能积极就餐。小丽还是一如往常地坐在一旁看着不吃，基本不进食。教师的耐心劝导换来的依然是哭泣。家长只能问到“我不想吃”这个答案。具体原因无从得知。

⑤亲子活动方面。幼儿园开放日时候，邀请家长和幼儿一起开展亲子活动。在其他幼儿与家长开心游戏比赛时，小丽却拒绝家长参加活动，自己也不愿参与活动。家长、教师的劝说均无效，也问不出理由。

不难看出，以上案例搜集的资料中包括了上述四个方面的内容。值得一提的是，个案研究搜集的信息虽然包括上述四个方面的内容，但每一方面的所有信息并非都要搜集，只需要搜集那些和研究主题紧密相关的即可。此外，为了保证资料收集的全面性、客观性和真实性，研究者还应及时地对收集到的资料进行分析鉴别，剔除或修正不真实、不客观的资料。

（2）搜集的方法。

①获取信任。在搜集资料之前获取研究对象的信任是开展个案研究的重要前提，也是能否得到真实资料的保证。如若研究对象是某个事件，则需要取得事件当事人的信任与合作。一般来说，进入研究现场的第一印象能决定研究者与研究对象之间的关系，良好的印象是取得信任的基础，如果做得不好可能会使整个研究计划夭折。要顺利进入现场，取得研究对象的信任，一般要注意以下问题：第一，选择实地环境中与你最易接触的人；第二，选择最为恰当的交流方式，如电话、邮件、拜访等；第三，决定怎样表达你的要求；第四，准备好回答各种可能遇到的棘手问题，并对得到许可前和许可后出现的有关事件进行描述；第五，研究者还要注意自己装扮。

②多元方法获取资料。个案研究既是一种研究方法，更是一种研究范式。这种范式具有研究方法综合性的特点，而研究方法的综合性主要体现在个案资料的搜集过程中。在这个过程中，可能用到文献法、观察法、调查法、测量法等，可以通过会议记录、报纸、简报、研究报告等全方位地认识研究对象。可以运用参与性观察获得最直观的关于个案的第一手资料，运用问卷调查法获取研究个案的间接资料，运用访谈的方式直接向研究对象或相关人员了解问题获取相关资料，等等。

（3）资料搜集的道德问题。个案资料搜集过程中涉及各种各样的道德问题。分析个案时，要注意采用相关措施保护研究对象的隐私。戴维·佛林德斯提出了个案研究在搜集资料时 4 种应该注意的道德问题。第一，在功利主义伦理中，研究人员必须通过考虑后果来判断、决定行动是否道德。最好的结果是个案研究也可以给研究参与者带来最大化的利益。第二，在义务论中，研究者需要通过自身的诚实、正义、公正、尊重别人等绝对价值观来判断自己的决定和行为是否道德。第三，在关系伦理中，研究人员还要通过他们的决定和行动反映出关心别人的态度来判断是否道德。第四，根据生态学理论，研究人员还要通过研究对象的文化以及所处的更大的社会体系、系统来判断自身的决定和行动是否道德。

5. 资料的分析

面对搜集到的纷繁复杂的个案资料，研究者还应确定如何进行分析、从哪些方面进行分析的问题。

（1）分析的方法。

①诠释性分析。诠释性分析是严密检查个案研究资料的过程，以便找出用来描述并解释正被研究的现象的构成、主题和模式。诠释性分析主要包括 4 个步骤。第一步，将资料库分段。这一步主要是将所有关于个案研究的资料输入电脑资料库，将手写的资料也要变成电脑文件，以便处理。在这个过程中，研究者还需要概括每段资料的意义，保证在没有完整文本的情况下，也可以通过段意读懂文本。第二步，开发类目，这一阶段要开发出一套能充分总结概括资料的类目，研究人员要根据类目决定搜集到的资料哪些是有价值的，并进行筛选。第三步，给类别系统归类，即按照一定维度将相关的文本资料归类。第四步，根据归类好的资料得出相关的结论。

②结构性分析。结构性分析是检查个案研究资料的过程，以识别对话、文本，或其他现象中的模式。诠释性分析使资料中的结构分解、归类、重合，而结构性分析则可以找出资料

内部的固有模式。如用结构分析法分析一位西班牙教师和她学生的一段对话的构成：

教师：La casa 是什么意思？

学生：房子。

教师：对。La casa 是房子的意思。

……

结构分析研究员通过分析可能会得到以下一些信息；

这个教学事件中谈话的顺序是教师—学生—教师；

教师每句话的字数都比学生多；

教师说了 4 个西班牙单词；

3 个单词说了两次，其余的单词说了 1 次。

③沉思性分析。沉思性分析是研究人员主要依赖于知觉、经验或判断来描绘、判断正在研究的现象。除了一些直觉判断以外，反思性思考、缄默理解、想象力等都可以用来描述这种分析。沉思性分析与一些传统的定性研究是相互联系的，其中包括教育鉴赏、教育批评、现象学分析等。沉思性分析在很大程度上是主观性的，所以难以确立分析的标准，因此跟随有经验的研究人员进行研究，再进行大量的实践是最基本的要求。此外，沉思性分析还应该尽量说明被研究现象的原因，同时也要注意对某些资料的诠释和批评不能和其他搜集到的材料发生矛盾。

（2）分析的维度。

①主观—客观维度。从主观上分析，主要是了解当行为发生冲突时内在动力，如动机、态度、情感、世界观、人生观、价值观等与行为及其结果的因果关系；从客观上分析，主要是了解教育、家庭、社会环境等与儿童的生理、心理特点以及学生的成长、发展存在哪些相适应或不适应的地方，并找出矛盾关键之所在。

②现状—过程—背景维度。现状—过程—背景维度分析主要从个案当前的发展现状和水平来分析个案行为或现象发生的背景因素，以此来了解个案发展变化的基本特点和规律，以及影响个案发展的各种因素。

（3）分析的步骤。

①归并与整理。资料的归并与整理是指将所搜集到的与个案相关的资料按照一定的逻辑组织起来，并进行分类的活动。搜集资料过程中获得的资料可能比较零散、条理不清楚，通过归并与整理就可以将这些资料逻辑化、使任务简单化。这一步主要包括 4 个小步骤：第一步，对资料进行初步的整理，将资料补充完整，保证资料的准确。第二步，再次整理、鉴别原始资料，去伪取真。第三步，根据研究需要逐渐找出资料的分类标准。第四步，借助于确立的概念或分析工具，对原始资料进行量化处理或者质的分析。

②分类与编码。分类与编码是指用分析的概念或数字、符号对记录的文字资料进行标注。分类编码的内容主要根据研究的课题来设计。比如搜集到一个人物的年谱，可以依成长的时间顺序按照年份编码，将 0～6 岁标上婴幼儿时期，将这段时间影响孩子成长的家庭因素、社会因素、学校因素、社区因素等标示出来。下图为整理婴幼儿时期影响某幼儿成长因素的思路：

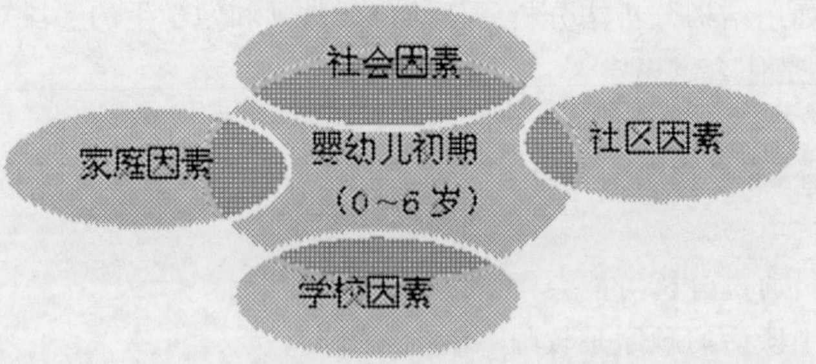

③量化处理与解释信息。量化处理是指将搜集到的资料用数学方法进行统计，如求平均数、求百分比以及进行差异检验、回归分析等。解释信息则是分析搜集到的资料与正在研究问题的相关程度和因果关系，这种相关关系或因果关系的确定要注意以下两个标准：一是获得资料信息的内部效度；二是所获得信息的外部效度。因为无论是内部效度还是外部效度，都可能影响到研究结果和其应用价值。

6. 结论的形成与报告（论文）的撰写

结论的形成是在鉴别、概括、分析所搜集资料的基础上进行的。形成结论之后还应对结论进行验证，如若验证过程中出现问题则需要反思，以便再次制订计划、搜集资料、分析资料，形成新结论，直到结论验证成功后，方可撰写研究报告。一般说来，形成报告是个案研究的最后一步。个案研究报告是研究者用以总结和呈现研究的内容、研究方法、研究过程以及研究结论的综合性研究文献。在对资料进行精心的整理和全面分析的基础上，研究者要对研究对象作出合理的判断，得出结论，形成报告，呈现出个案发展变化的特征和规律。如果是实验型的个案研究，除了依据对个案资料的分析、诊断形成报告外，还需要对提出干预的措施的效果作追踪研究。

（1）报告的类型。

①简介性报告。简介性报告也被称为速写式的个案报告，主要是用简练的语言表达方式来反应个案的主要特征。这类报告由于整理的时间较短，可以突出研究问题，不过很难从报告中了解个案比较详尽的发展过程。

②描述性报告。描述性报告指按照一定的结构、将个案有层次、条理清晰地表述出来。描述性报告特别注重对细节的描述，这是区别于简介性报告的关键。为了尽可能真实地呈现个案，描述时甚至用原话来表达。

③分析性报告。分析性报告一般从个案研究的相关文献资料的综述入手，表明研究使用的方法，从所搜集的资料中得出结果，进而推导出结论和建议。这种个案报告的形式逻辑明确，是最佳的形式，最为常用。

（2）报告的格式。个案研究报告通常包括概述、主体、结论、参考文献和附录四大部分。研究结果只需要将相关部分按行文的规范格式用精湛的文笔呈现出来即可。

①概述。概述部分主要说明研究对象的基本情况，描述研究对象主要的特殊表现，阐述研究的原缘、目的、意义、方式方法等内容。概述部分的语言运用要求简洁明晰。

②主体。主体部分为研究报告的主要部分，在全文中占大部分的篇幅，着重阐明研究对象所具有特性的实质、现状、成因及其发展变化的趋势和规律，是对研究内容的全面归纳和论证。主体部分的结构方式应根据具体研究的目的和内容确定，如研究幼儿个性差异的个案

研究报告通常有以下几个部分：一般情况；个性心理特点；个性心理特点形成原因的分析；有关教育措施的意见与实施情况；追踪研究结果与讨论。

③结论。结论部分主要阐述研究形成的总体观点，指出研究活动解决了哪些问题，还有哪些问题有待于深入研究。

④参考文献及附录。列举参考文献需参照标准的格式。附录一般置于文章的最后，主要是包括一些没有办法完全呈现到报告主题部分的资料，如编制的问卷等。

二、个案研究的基本要求

个案研究过程中，研究者需要注意以下基本要求，以确保研究工作的顺利开展，最大限度地保证研究质量。

①要从思想和行动上重视个案和个案研究的价值。

②要从纵深处研究感兴趣的现象，对其进行充实性的描述。

③要尽力获取研究许可，与参与者接触，建立良好的关系。

④要考虑到自身的偏见和性格可能对研究结果造成的影响。

⑤要注意不能过早地结束资料的收集。

⑥要尽力检查个案研究成果的效度与信度。

⑦要考虑普及研究成果的问题。

⑧要通过生动、具体的研究报告向读者展现个案情况。

第三节　个案研究的样例分析

幼儿教育研究中运用个案研究，要在从各种教育或心理现象中识别有代表性与典型性的个体（对象）的基础上，对研究对象进行深入、细致的调查，充分搜集丰富、翔实的资料，随之对资料进行鉴定、归纳、分析，得出结论，最后根据这些结论有针对性地提出改进建议或方案，有时还要对提出的建议或方案进行验证，以确保其应用和推广价值。

以下以《幼儿园组织文化建设个案研究——以福州“T”连锁幼儿园为例》来呈现个案研究的基本过程，以便于读者更好地掌握和运用个案研究的基本原理和程序。

1. 研究问题的确立

在确立研究问题时必须考虑所研究问题的价值性、可行性、科学性。本研究问题的确立主要基于以下原因：

第一，大多数幼儿园目前采用的是规范化、精细化管理，这种较为机械化的管理方式经常导致幼儿园陷入一种严肃、呆板、被动的氛围之中，极大地影响着保教质量的提升和幼儿园的可持续发展。

第二，已有研究表明幼儿园组织文化是幼儿园的灵魂，一所拥有良好组织文化的幼儿园不仅可以为幼儿、教职工创造一个温馨、和谐的生活环境，而且有助于提升幼儿园的办园质量、增强幼儿园的核心竞争力。

第三，研究幼儿园组织文化建设不仅可以通过研究发现幼儿园在组织文化建设过程中成功和不足之处，提出优化幼儿园组织文化的建议，而且可以为更多幼儿园的组织文化建设提供借鉴经验。

第四，研究者具备课题研究所需要的人力、物力，能够保证研究如期顺利进行。综合这几个因素，笔者最终选定幼儿园组织文化建设这一研究课题，并以“T”连锁幼儿园为研究个案。

2. 研究样本的遴选

研究样本的遴选是个案研究的关键，它在整个研究过程中起着牵一发而动全身的作用。一般说来，样本必须具有独特性、典型性和可行性。

本研究之所以选择“T”连锁幼儿园为样本主要出于四个考虑：首先，“T”连锁幼儿园是连锁性质的幼儿园，这样就可以提供较多的样本，使研究结果更具有代表性。其次，该连锁幼儿园建园十余年，已形成了自身的组织文化，具有研究的价值。再次，“T”连锁幼儿园不仅具有教育机构的性质，而且具有民营企业的性质，面临激烈的市场竞争，它更为重视幼儿园组织文化建设，能提供更多可以借鉴的成功经验。最后，研究者的朋友在该园从事教学和行政工作，这就保证了笔者能长期深入到幼儿园，对其组织文化建设现状进行详尽的调查。在考虑以上原因的基础上，研究者将“T”连锁幼儿园确定为研究样本。

3. 研究方法的确定

因为个案研究具有研究方法综合性的特点，因此与其说是一种研究方法，倒不如说它是一种研究策略。本研究采用个案研究策略，综合使用文献法、问卷法、访谈法、观察法等多种研究方法。采用文献法主要是了解并掌握解幼儿园组织文化建设的相关理论，采用问卷、访谈、调查法主要是搜集幼儿园组织文化建设现状资料。研究者每周在幼儿园蹲点两个半天现场考察幼儿园组织文化的真实事实。

4. 研究资料的搜集

研究资料搜集之前，先做好三项基本工作。第一，获取被调查对象的信任。本研究采用匿名方式进行问卷调查。第二，注意资料搜集过程中的道德问题。本研究充分考虑到研究对研究对象的益处，除此之外还注意到了研究结果的社会影响等问题。第三，根据研究课题确定主要搜集哪些资料。

研究中，研究者确定从幼儿园组织文化的四层结构，即物质文化层面、行为文化层面、制度文化层面、精神文化层面来搜集相关资料，继而进一步根据相关理论将这四层结构逐层分解，确定要搜集的具体资料。例如从地理位置、自然环境、园所布局、标志性物质四个方面来搜集物质文化层面的资料，从组织机构、组织结构的制度两个方面搜集制度文化层面的资料。

5. 研究资料的分析

在对现状的分析中，研究者站在客观的立场上，采用了诠释性分析的方式，按照幼儿园组织文化的四层结构分析“T”连锁幼儿园组织文化建设过程中的成功经验和不足之处。研究者首先通过对资料的鉴别、分类、概括提炼出该连锁幼儿园在幼儿园组织文化建设过程中重视创设宜人的自然环境、重视创设育人性的物质环境、重视教师教育教学行为的科学化、重视建立和谐的幼儿园人际交往氛围、重视为教师创设多样化的学习平台、重视建设良好的幼儿园制度文化、重视打造优秀的幼儿园精神文化等成功经验。同时客观指出“T”连锁幼儿园组织文化建设过程中存在的不足之处，如缺乏高品位的物质文化设施、教师普遍缺乏弹性教学的能力、幼儿园忽视了后勤人员的专业成长、教职工的自主权有待进一步加强、制度建设缺乏“以人为本”的管理理念、幼儿园倡导的精神文化有待内化等，并着重分析不足之成因。

6. 研究结论的形成

在这个部分，研究者首先基于对“T”连锁幼儿园不足之处的原因分析提出了优化该连锁幼儿园组织文化的建议：一是加强理论学习——认识幼儿园组织文化；二是建构共同愿景——引领幼儿园组织文化；三是柔化园所管理——保障幼儿园组织文化；四是改善不宜行为——完善幼儿园组织文化；五是传承办园历史——积淀幼儿园组织文化；六是创设人文环境——渗透幼儿园组织文化。其次是将这些建议用于该连锁幼儿园的组织文化建设过程中进行检验。通过检验发现，“T”连锁幼儿园采纳建议半年之后，幼儿园领导和教师、后勤人员之间的人际关系更加和谐，家园联系更加密切。幼儿园教职工普遍反映工作起来更加主动、更有动力了。教师普遍反映幼儿园的人际环境大有改善，在幼儿园的心情也比以前好多了，上课的时候自己快乐的情绪很能感染孩子，调动孩子的主动性，和孩子的关系更加亲近了，教育教学活动的质量也明显提升。如果在检验过程中发现所提出的建议存在问题，就要反思，再次制订方案、搜集资料、分析原因、提出新建议并进行再次验证。

7. 研究报告的撰写

撰写研究报告是个案研究的最后一步，在这个环节要注意用准确、生动、形象的语言如实地向读者展现整个研究过程和研究结论。本研究中，笔者采用了分析性报告的形式，从概述、主体、结论、参考文献及附录 4 个方面描述，并注意了行文格式规范。

思考题

1. 个案研究的含义和特点是什么？
2. 个案研究的基本程序是怎样的？
3. 如何做好个案研究的准备工作？
4. 个案研究过程中，资料分析的类型主要有哪些？
5. 选一具有典型意义的幼儿教育的研究个案进行个案研究并尝试撰写个案研究报告。

第八章　园本研究

教学目标

1. 了解园本研究兴起的过程和发展趋势；
2. 理解园本研究的内涵和基本特点，并明确开展园本研究的积极意义；
3. 掌握园本研究实施的原则、程序和基本要求；
4. 思考园本研究实施面临的困难和应对措施。

第一节　园本研究概述

随着幼儿教育改革的深化，当今世界各个国家都大力倡导园本研究，走向园本已成为世界幼儿教育改革与发展的一大趋势。园本，即要以“以幼儿园为本”，“以教师为本”，“以孩子为本”，它包含三方面的含义：基于幼儿园，在幼儿园中，为了幼儿园。基于幼儿园，是指要从幼儿园的实际出发，充分考虑幼儿园的实际，挖掘幼儿园的潜力，让幼儿园的资源更充分地利用起来，让幼儿园的生命活力释放得更彻底。幼儿园的问题要根据幼儿园的实际和已有条件由园长和教师自行解决。在幼儿园中，是指幼儿园自身的问题，要由“局内人”即幼儿园中的人来面对，要经由园长、教师的共同探讨、分析来解决，所形成的解决问题的诸种方案要在幼儿园中加以有效实施。真正对幼儿园问题有发言权的，是园长、教师，那些“局外人”——专业研究人员、行政领导等很难对幼儿园的实际问题有切身的体会和全面的把握，他们的意见可以参考，可以借鉴，但不能作为权威加以诠释。为了幼儿园，就是“以教师发展为本”“以幼儿发展为本”和“以幼儿园发展为本”。通过园本研究帮助教师树立和实践先进的教育管理理念，并且通过教师把先进的理念转化为正确的教育行为，从而落实到幼儿全面和谐的发展，最终在幼儿园建立起“民主、平等、合作、创新”的幼儿园文化和研究氛围，解决幼儿园在教育教学管理中遇到的种种问题，进一步提升幼儿园的办园质量。园本教育主要落实、体现在四个方面：一是园本研究，二是园本培训，三是园本课程，四是园本管理。园本研究是起点，园本培训是中介，园本课程的开发是落脚点，园本管理则是贯穿在它们之间，起着协调、组织作用。当前，国内幼儿教育界对园本培训、园本课程、园本管理的研究比较多，但对园本研究的探讨还相对薄弱。伴随着“园本”化问题的深入探讨及幼儿教育改革的深化，园本研究的作用日益凸现出来，成为幼儿园工作不可或缺的有机构成。

一、园本研究的兴起

园本研究的理论基础是来自于校本研究。校本研究是20世纪60年代前后随着“教师即（成为）研究者”运动而兴起的。英国课程专家斯腾豪斯提出教师专业的拓展，关键在于专业自主发展的能力，而教师专业自主发展的有效途径是“教师成为研究者”。斯腾豪斯认为，无论从何种角度理解教育研究，都不得不承认教师充满着丰富的研究机会，没有学校参与教育研究，尤其是没有教师参与教育研究就无法使研究成果很好地在学校教育实践中加以应用。“教师成为研究者”观念鼓舞了众多从事基础教育的教师，打破了教育研究神秘化和非民主化的状态。但斯腾豪斯倡导的“教师成为研究者”并没有像他所期望的那样获得有效的成果，即让教师“‘专业自主’获得有效的发展”。

对此，斯腾豪斯的同事埃利奥特提出“教师成为行动研究者”。他认为，教师变革实践的方式有两种：一是“思先于行”，即教师将研究者（教育理论专家）提出的方案用于解决实际问题，以便改进自己的教育教学，思想的转变先于教育策略的变革。斯腾豪斯提出的“教师成为研究者”就属于此类形式。它会导致有学术偏见的研究方案进入教师的研究工作中，使研究和实践成为“两张皮”。二是“以行促思”，教师针对某些实际问题改变自己的教学策略，在解决问题过程中自我监控、评价，教师对问题的理解可望在研究中得到修正和改进，改变教学策略先于理解力的发展。“教师成为行动研究者”就属于这种方式。它通过在实际工作中结合教育教学实践进行研究，能够使研究与实践真正合二为一。埃利奥特认为，“教师成为研究者”转向“教师成为行动研究者”，会使教育科学研究中的行动与研究、实践与理论相脱节的“两张皮”现象得到解决。

《国际教育百科全书》中“行动研究”词条的撰写人，澳大利亚国际教育行动研究学家凯米斯认为教师的研究要取得实质性进展，必须采用“解放性行动研究”，为此他提出“教师成为解放性行动研究者”的观点，他认为斯腾豪斯的“教师成为研究者”与埃利奥特的“教师成为行动研究者”，只注重教师单枪匹马式的努力，而不是教师集体层面的共同努力。他把行动研究分为三种类型，探讨了专家与教师在三种类型中的关系：一是技术性行动研究。它是教师按照专家提供的一般技术程序对教师自己的行动进行研究，专家是中心，教师处于被动地位；二是实践性行动研究，它是专家帮助教师对其行动进行研究，专家与教师之间是合作的关系，但作为自我反思的群体，教师群体还没有得到系统的发展；三是解放性行动研究，教师形成了自己的研究共同体，由教师自己的共同体来引导他们自己进行自我反思，进行自主研究。教师在解放性行动研究中，除了是“反思的实践者”外，更重要的一个角色是“研究者”，并且是不限于既定的研究模式，冲破种种研究框框，依赖自己的思考和判断所做出的自主研究者。基于以上认识，凯米斯在斯腾豪斯与埃利奥特的教师研究观的基础上，提出“教师成为解放性行动研究者”，认为教育研究要形成教师自己的研究共同群体，由教师自己的共同体来引导自我反思，而不受外来专家的影响，只有这样，才能充分实现教师专业化，拓展教师的专业自主。

随着“教师成为研究者”发展到“教师成为行动研究者”再发展到“教师成为解放性行动研究者”的教育研究，逐渐演化成直指学校问题、将学校实践活动与研究活动密切结合在一起、大力倡导学校教师人人参与研究的“校本研究”。

幼儿园教育研究相对于中小学教育研究的发展起步较晚，但是鉴于世界幼儿教育改革的发展与深化，越来越多的幼儿教育工作者以及专家认识到越是幼儿园自身的问题就越需要园长与教师自己探讨、分析与解决，其取得的成效就越大，于是园本研究在借鉴校本研究的相关理论基础上也如火如荼地开展起来。

二、园本研究的界定

园本研究是幼儿园根据自己的办园思想，以教师为主体，自主进行的教育科学研究。它是以幼儿园为研究基地，以解决幼儿园的实际问题为起点，选择切实可行的研究方法进行的教育科学研究。园本研究在课题选择、价值取向、实施方式、研究方法与过程、研究成果的表现形式即鉴定标准等方面，与一般的教育科学研究有所不同，它是幼儿园教育研究摆脱困境、走向成熟的必然选择。

相对于一般的教育研究，园本研究凸显出以下几个特征：

1. 针对性

园本研究着眼于幼儿园整体发展的需求和目标，针对幼儿园实际情况选题并展开研究。园本研究要围绕本园的发展目标进行。具体而言，园本研究要以幼儿园办园思想和办园理念为导向，形成研究规划；园本研究应触及幼儿园教育教学方方面面的实际工作；园本研究要面向全体幼儿，通过研究，实施因材施教，使教育教学做到有的放矢，使每个孩子在良好的环境中健康成长。

2. 自主性

开展园本研究是为了满足教师的专业成长、孩子的健康发展以及幼儿园自身发展的需求。教师有目的、有计划、有针对性地进行主动探索，不是外部强加的、被动的研究，而是幼儿园自身发展的内在需求。园本研究要杜绝把研究当做招牌与摆设的“假研究”，反对为了追求虚名与个人利益的“功利性研究”。它要求教师对研究什么、为什么研究、怎么研究应有自主的认识与行为，在研究过程中应有目的、有计划、有针对性地进行主动探索，而不只是配合专家，做检验某种理论的操作者。园本研究不反对引进课题，它反对不考虑幼儿园实际情况，盲目引进课题。如果是引进课题的研究，教师要在引进课题后，结合本园实际，沿着引进—消化—建立自我体系的研究方向，开展创造性的研究工作，形成适合幼儿园自身教育改革与发展的理论体系与实践操作体系。

3. 应用性

园本研究的主要目的和任务是园长与教师一起分析、研究幼儿园工作中亟待解决的问题，为幼儿教育实践、教育改革服务，不断提高办园水平与质量，促进教师的专业成长和孩子的健康和谐发展。园本研究中，教师既是研究者又是实践者，在研究中改变教育教学行为，在实践中形成正确的研究观念和研究行为。其研究轨迹是实践—研究—再实践—再研究，在循环往复中，不断深化认识，形成符合教育规律的教育教学行为。园本研究成果主要体现本园教育教学、管理工作的改进，水平的提高，以及教师自身素质的发展和孩子的健康快乐成长，它不排斥文章、著作等成果形式，但文章、著作应该是以解决问题为前提。

4. 群众性

群众性是园本研究的显著特点，是园本研究发展、繁荣的条件和基础。园本研究的研究主体是园长与广大教师，是幼儿园所有老师全体参与性的研究。与其他人相比，教师长期从事教育教学工作，对幼儿教育问题有深切的体验，拥有更多的研究素材，教师能研究、会研究。研究不是专家和少数教师的特权，幼儿园要调动广大教师参加研究的积极性，要整合不同研究兴趣和研究特长的教师的研究力量。园长与全体教师应是园本研究的主体，让教师成为研究的主人。

5. 灵活性

园本研究是根据幼儿园自身需要和自身的条件来确定研究内容和方式，它强调“只要是有效的就是最好的”，因此其课题的选择与方法的运用可以不拘一格，并可以根据幼儿园发展条件的变化及时地加以调整。课题研究的广度、深度、时间长短以及研究程序的设计，都可以根据幼儿园实际需要和教师的研究实力而确定、变化。

三、园本研究与一般教育科学研究的关系

园本研究与一般教育科学研究的区别：①一般教育科学研究注重基础性，它解决问题的侧重面往往是教育中普遍存在的问题和教育发展的普遍规律，这类研究比较注重理论研究，如生活化幼儿园课程的理论研究。园本研究主要是在幼儿教育基本理论指导下的应用性研究，选题更多是对策研究。这类研究主要是寻求适合幼儿园发展的个别化理论和具体的实践策略，它更多表现为实践操作体系，具有本园鲜明的特色，如数学区域材料投放的科学性研究。②一般教育科学研究的研究起点侧重理论范式，园本研究则强调研究起点多元化，但侧重以问题为起点，如幼儿角色游戏中教师该怎么进行有效指导。③一般教育科学研究的过程往往历经调查研究—理论学习—课题选择—开题论证—资料积累—组织实施—数据统计与分析—论文撰写—成果展示与鉴定，结题就是研究的结束，而园本研究除了要历经以上几个环节外，其过程还包括成果的推广应用环节，强调研究要回归实践。

强调园本研究，并非要否定一般教育科学研究，园本研究与一般教育科学研究存在密切的联系：园本研究要以一般教育科学研究为指导，园本研究若更具幼儿园个性特点，也就更能典型地表现共性，成功的园本研究，就有可能上升为一般教育科学研究。一般教育科学研究又要借鉴园本研究的有关思想，使一般教育研究能够更好地为幼儿教育实践服务。

四、园本研究的积极意义

幼儿园是园本研究发生、发展的地方，幼儿园应该依靠教育科学研究建立良好的教育管理系统，提升办园的质量和知名度，园本研究只有植根于幼儿园才能有旺盛的生命力。因此，园本研究能更好地为幼儿教育改革和发展提供理论先导，提供优质服务。

1. 园本研究有利于提高办园质量

园本研究能够持续稳定地提升幼儿园的教育质量。随着幼儿园内部管理改革的深入，教育质量、教育效益成为幼儿园管理的主要内容。任何幼儿园要谋求长远的发展和提高，就必须树立坚定的质量战略思想，制定明确的发展目标，对质量的改进和提高进行科学、系统的规划与实施。园本研究类似于企业为提高自己的产品质量或促进产品更新换代而进行的科学研究，它着眼于幼儿园整体发展需要，为幼儿园质量管理实现“立足现在、着眼未来、科学规划”提供切实可行的科学依据。园本研究，以幼儿园为基地，其研究忠于现实，又超越现实，在实践中剖析、辨别、探索科学的幼儿教育认识与解决实际问题的途径，使园长、教师自觉有效地追求理想的教育效果，提高办园质量。

2. 园本研究有利于教师的专业化发展

幼儿教师专业化发展是我国幼儿教育改革与发展的一项重要内容，而园本研究是促进教

师专业化发展的一条有效途径。教师专业化发展，有两个主要指标：一是教师要有研究意识与能力，教师要成为研究者；二是教师能专业自主，教师在特定的教育情境中可以自主选择特定的行动。这两项指标是相互关联、相互制约的。教师的研究意识与研究能力是专业自主的前提条件，专业自主又可促进教师研究意识与研究能力的提高。园本研究以解决实际问题为起点进行研究，它使“教师成为研究者”由可能转化为现实，使整个教师群体摆脱长期处于脱离学术研究、作为单纯知识传递者的角色。园本研究是基于幼儿园实际展开的，边实践边研究。教师作为研究的主体集研究与实践于一体，对教育问题的认识与处理比专业研究者有更多的发言权，这样使教师工作获得生命力与尊严，增强了专业自信心。园本研究使教师在研究中由实施者、操作者变为决策者、规划者，教师能以研究成果为依据，独立自主规划与实施自己的教育教学方案。

3. 园本研究有利于园本文化的建设

幼儿园文化是在长期的管理、保教、后勤等一切活动中积淀下来的幼儿园全体教职员共同遵循的价值观念以及行为方式的总和。优秀的幼儿园文化孕育着整个幼儿园团队的精神，能够起到凝聚人心、引领教师积极进取的作用；优秀的幼儿园文化是宝贵的教育资源，是幼儿成长、教师发展、幼儿园发展的肥沃土壤；优秀的幼儿园文化是幼儿园的内在气质、独特个性、整体形象以及教育品牌的体现。“以幼儿园为本、以教师为本、以孩子为本”的园本研究能够调动全园力量，以本园实际问题为切入点进行研究，用理论指导教师的教育实践，使教师关心幼儿园的发展，关心孩子的发展，关注自己的成长，以深厚的人文关怀、积极向上的文明教风和工作态度，促进幼儿园文化的建设。

4. 园本研究能促进既科学又生动的幼儿教育学科的建设

一般的教育科学研究往往注重于“知”的范围，园本研究还必须达到“行”的领域。它不仅在于获得新的认知，还要把这种认知转化为行动；它不仅在于解决“是什么”的问题，更在于回答“做什么”“怎么做”的问题。园本研究产生的成果，都伴有相应的操作范式，往往会以幼儿园或教师本人亲身经历、亲自设计的教育实践或是教育经验作为技术支持。因此，园本研究不仅能对幼儿园的教育改革起正确指向作用，而且能起“示范”作用，使理论与实践达到较完美的统一。同时，园本研究以幼儿园为本，从本园实际出发开展别开生面的研究，其形成的理论能反映幼儿园真实、生动的情境，是对幼儿园教育的典型、丰富、生动事例的高度概括与展现，这样可以丰富、充实幼儿教育学的发展，使幼儿教育学成为学了有用、用了有效的“活的幼儿教育学”。

第二节　园本研究的运作

一、园本研究的原则

园本研究的运作要遵循以幼儿园为本、以教师为本、以孩子为本的基本原则。

1. 以幼儿园为本

园本研究是以满足幼儿园管理与教育教学实际需要为直接目的，因此研究要在把握幼儿园需要的基础上，从幼儿园实际出发，重视挖掘幼儿园的潜能，通过园长与教师的共同分析、探讨，积极解决幼儿教育面临的种种问题。具体要求：

(1) 研究要以解决幼儿园面临的实际问题为指向。园本研究的出发点是解决幼儿园工作中的具体问题，改进实际工作，提升办园质量，所以它关注的不是宏观层面的一般幼儿教育的问题，而是园长及教师日常工作中遇到和亟待解决的实际问题。它不会囿于某一学科的主张或某一理论的见识，而要求主动地吸纳和利用各种有利于幼儿园实际问题解决并提高幼儿园办学质量的经验、知识、方法、技术和理论；它不会囿于一般的笼统的决策和解决问题模式，而要求在这种决策和模式的基础上具体分析幼儿园的实际，探寻出解决问题的具体对策。园本研究把解决实际问题放在首位，并不等于无视或不关心宏观决策和一般理论，只是更强调从具体、特殊到一般和普遍，更强调从抽象到具体的过程，更强调已有的决策和理论都须接受幼儿园实践的检验、修正和补充，既强调证实，也强调证伪。

(2) 研究要从幼儿园实际出发。其一，研究要植根于幼儿园管理以及教育教学的实际。幼儿园管理及教育教学实践是教育科学研究课题产生的源泉，是新的教育思想、有效的教育方案产生的土壤，要从教育实践中提取有价值的问题进行研究。其二，研究要充分考虑幼儿园的实际情况，利用幼儿园的教育资源和已有条件，挖掘幼儿园应有的潜力，围绕幼儿园的发展目标展开。园本研究在课题的选择、研究程序的设计、方法的应用上要借鉴专家的做法，强调科学性，但它更强调因地制宜，强调要根据幼儿园发展条件的变化而变化，强调“只要是有效的就是最好的”。其三，研究要满足幼儿园自身发展的需要。园本研究不是外部强加的、被动的研究，而是幼儿园自身发展的内在需求。它反对为了追求虚名与个人利益的“功利性研究”，杜绝把研究当做招牌与摆设的“假研究”。园本研究倡导联系专家引进课题的合作研究，但这种合作不是配合，引进课题不是盲目引进。它注重考虑本园实情，结合本园实际，沿着引进—消化—建立自我体系的方向，开展创造性的研究工作，最终形成适合幼儿园自身教育改革与发展的理论体系与实践操作体系。

(3) 研究要立足于幼儿园的长远发展。其一，园本研究要围绕幼儿园的发展规划，以幼儿园的办园思想和理念为导向，深入幼儿园了解具体情景，探究幼儿园自身发展现状、历史文化传统、特定的文化氛围和心理环境，创造性地提出促进幼儿园可持续发展的有效策略。园本研究类似于企业为提高自己产品质量或促进产品的更新换代而进行的科研，它谋求幼儿园的不断发展，为幼儿园质量管理实现“立足现在、着眼未来、科学规划”提供切实可行的方案和科学依据。其二，研究要着眼于幼儿园整体改革与规划，要从未来社会的要求上立意，从素质教育的要求立论，从幼儿园整体发展着眼，从局部入手，确定某一方面作为突破口，以此带动幼儿园整体改革与发展。其三，研究选题要切合幼儿园发展实际。首先，研究要从小课题做起，由低到高，由小到大，逐步深化。其次，研究要以主导课题为主攻方向，用主导课题来统领其他具体课题。主导课题对幼儿园改革与发展起定性、定向、定位的作用。园本研究要根据实际问题，从幼儿园优势与特色的发挥，从幼儿园弊端的革除，或从理论的构想等方面切入，来确定主导课题，并用它去统领其他各种研究，使研究环环相扣，直通幼儿园发展总目标，为幼儿园可持续发展提供切实可行的指导。

2. 以教师为本

教师是园本研究的主体力量，拥有丰富的实践经验与对实践的深刻体会是教师参与教育教学研究的优势，研究要重视其优势的发挥。同时，开展园本研究要切合教师的实际，对教师提出的研究要求要和教师自身的特点相协调。研究中，要研究什么、怎么研究，要考虑教师的经验、能力与态度。教师应是研究的受益者，研究要成为教师成长与教师素质提高的有效途径。

（1）研究要以教师为主体力量。园本研究要牢固树立这样一种观念，即研究幼儿园自身的问题，要由“局内人”来解决，要经由园长、教师的共同探讨、分析来解决。教师是实践者又是研究者，他们在工作中有目的的行动、对实践的深刻反思，以及对幼儿园实际问题的切身体会和全面把握，是园本研究获得成功的基本条件。幼儿园一线教师在研究中所发挥的作用是“局外人”即那些专业研究人员、行政领导等难以替代，也是不能替代的。如果没有以教师为主体的园本研究，幼儿园会把研究当做招牌或摆设，教师会陷入为研究而研究，甚至是为评职称而研究的境地，教师在研究中扮演的往往是实施者、执行者的角色。这种研究没有留给教师更多的自主权和创造天地，他们在别人设计好的研究方案中按部就班地操作，只知道要这样研究，至于为什么研究、研究什么，教师没有更多的发言权和选择权，研究不是教师的自觉行为。园本研究只有教师“形”的参与，而没有“神”的投入，其研究的成效必然多重“形式”而缺乏“质料”。

（2）研究要考虑教师实际。其一，发挥教师的个性特长，形成教学与研究风格。每个教师都要参加研究活动，每个教师的兴趣爱好、专业水平、研究能力是不一样的，只有把握教师实际，研究才能顺利开展。园本研究的开展，要尊重教师的个性，帮助教师认识自己的长处，在研究课题的承担、研究目标的确定、研究方法的选择等方面，教师要注意扬长避短，逐步使研究风格化、个性化，从而使教师的研究获得成功，增强研究的兴趣。其二，引导教师合作攻关。对于每一名教师，都应当有较高的能力要求和研究要求，但不能要求每位教师都是“专家”水平，不能要求他们都能进行任何研究。对此，园本研究要采用协同研究、共同攻关的研究策略，让不同专业、年龄、能力、知识水平的教师结合起来，形成优势互补的研究群体，围绕一个研究课题共同攻关。可采用“分工研究，共同发表”，即采取由教师分工研究有关课题，共同发表研究成果的方式组织研究活动。通过合作攻关，会使全体教师参与研究，共同得到提高，并使教育实践中的问题得到较全面的解决。

（3）研究要考虑教师成长的特点。教师的成长大致经历起步、发展、成熟 3 个阶段。园本研究要考虑教师的成长特点，根据教师发展的不同阶段，确定不同的研究方向，采用不同的研究方式。研究要能够促进教师的成长。其一，在教师成长的起步阶段，教师对幼儿园教育教学工作不熟悉，对教育研究心中无数。这个阶段的教师，主要以学习为主，他们要领会幼教精神，钻研幼教内容，学习幼教理论。这一阶段开展的研究主要是借鉴他人先进的教育教学经验，熟悉教学法与教育内容，研究孩子的心理，研究如何把所学知识与实践结合，使自己尽快适应、熟悉教育教学工作。其二，在教师成长的发展阶段，教师基本适应了教育教学工作，积累了一定的教育教学经验，初步具有参与科研的能力。这个阶段，教师的研究方向，是不断反思自己的教育教学，积极改进课堂教学，扬长避短，形成自己的教学风格，使自己脱颖而出，走向成熟。其三，在成熟阶段的教师，一般具有良好的认知结构、较深厚的教学功底和一定的教学艺术，形成了独特的教学风格，具备了较强的研究能力。这个阶段，教师的研究方向是不断总结与升华自己成功的教育经验，积极探索教育教学的新模式，形成与创立自己的教育教学思想，并使其在教育教学实践中推广应用，力求使自己成为一名幼儿教育“专家型”的教师。

3. 以孩子为本

孩子是幼儿教育的对象，幼儿园的一切教育活动都是为孩子服务的。园本研究的根本目的是为了促进孩子的发展，所以，研究过程中，教师要了解孩子、认识孩子、尊重孩子、依靠孩子，研究必须以不损害孩子的利益为前提，处处考虑孩子的长远利益。

（1）研究要以认识孩子心理发展的基本规律为前提。园本研究不是从幼儿园外部因素入手探讨教育问题，它强调幼儿园内在因素的研究，主张研究要深入到孩子的内心世界，寻找孩子发展的内在力量。其一，正确认识孩子的心理特点，树立科学的发展观。6 岁前的孩子身心处在变化发展的时期，具有许多与少年儿童尤其是成人不同的独特的心理现象，如心理胚胎期、心理敏感期、有吸收力的心理、印刻心理、泛灵心理等等，他们正处在个性建设阶段，心理品质与习惯养成正从不完善走向完善、从不成熟走向成熟，可塑性大，具有诸多的发展的潜能。研究要充分分析并科学认识正处于发展变化阶段的孩子的身心特点。其二，要重视研究孩子的个性特点。孩子是未成熟的个体，但又是活生生的具有独异个性的人。由于他们遗传素质不同，生活环境、教育条件不同，其身心发展水平必然有所不同，存在个性差异，正如苏霍姆林斯基所言："每个孩子都是独一无二的世界。"孩子独特的个性是教育的宝贵资源，教师要研究如何创造条件，使孩子个性得以充分张扬，使孩子能有充分表现自身独特个性的时间与空间。

（2）研究要以促进孩子的可持续发展为目的。园本研究虽然是以解决幼儿园现实问题为起点，但是研究的最终目的是让所有孩子获得持续发展的能力。所以，它不仅关注幼儿园管理、环境创设等问题的研究，更注重孩子将来的发展。"为幼儿的可持续发展而研究"要成为教师的教育理念和研究理念。其一，关注孩子全面和谐发展的研究。促进孩子的全面和谐发展，园本研究要着重研究以下一些问题：如何使孩子学会"四个学会"，即学会认知（learning to know）、学会生存（learning to be）、学会做事（learning to do）、学会共处（learning to livetogether）；教育教学中如何形成孩子的良好品行；如何促进孩子智商与情商的同步协调发展等。其二，关注孩子作为学习主人的主体性研究。主体性是孩子在教育教学活动过程中的根本特性，它包括能动性、自主性、创造性等，其中，创造性是主体性的核心。游戏活动中如何弘扬孩子的主体性，应是当前园本研究的一个中心内容。其三，关注孩子学习能力的研究。当前，我国学校教育十分强调培养学生学习的能力。幼儿教育作为基础教育的基础，教育中要使孩子获得可持续发展的学习能力，就要促进孩子学会学习，为孩子具备终身学习的能力夯实基础。因此，探究激发孩子的求知欲望，使孩子掌握正确的学习方法，养成良好的学习习惯，培养学习特别是元学习的能力，应该是园本研究的中心内容之一。

二、园本研究课题的选择

园本研究是以解决幼儿园实际问题为起点，它源于对幼儿园实际问题的认识和把握，也源于对幼儿园中存在的现象、矛盾的深刻洞察，因此其选题应注重从解决幼儿园的实际问题角度入手。园本研究课题的选择与确立除了要掌握第二章选题的基本原理外，还要把握以下几个要求：

1. 立足本园实际选题

园本研究的选题有别于专业人士的科研选题，它不是从学科建设和理论体系的构建需要出发，不能仅从热门的理论行情或评职称的需要出发，它是以提高办园质量、办出幼儿园特色为目标，是从本园教育改革、教育管理、教师专业发展、教学活动、家园合作等所面临的实际问题出发，分析带有普遍性、倾向性的问题，理清这些问题的内在联系，然后以解决这些问题为切入点来建立课题系列。例如，如何组织幼儿开展游戏活动、如何优化环境布局、材料摆放的位置以及出示材料的先后顺序应该是怎样的等等，这些问题都是来源于幼儿园教育教学实际，课题的选择就是指向这些实际的具体的问题。

2. 立足于教师个人特点选题

园本研究课题的选择要以教师个人的专业兴趣、知识、能力、专长以及研究经验为依据，从小到大、逐步提高，沿着单项研究—系列研究—综合研究的发展模式确定。选题可以在教师成功的经验中寻找生长点，可以在面对现实问题中寻找突破点，可以在学习教育理论中寻找支撑点，也可以在把握教育趋势中寻找连接点。总之，教师所选择的研究课题应是教师力所能及的。

3. 课题确立要坚持“四个结合，四个为主”

园本研究的选题要坚持：个人的研究兴趣与幼儿园工作的实际需要相结合，以幼儿园实际需要为主；理论性课题与实践应用性课题相结合，以应用性课题为主；宏观研究与微观研究相结合，以微观研究为主；前瞻性研究与现实性研究相结合，以现实性研究为主。

4. 教师可以就实践中发现的问题提炼出科研课题，把选题与日常教育教学工作结合起来

高素质的学者型的教师总是不断地对自己的教育教学实践进行批判性思考，以“理论的批判”“意识的启蒙”来引起和改进自身的教育教学行为。园本研究实际上就是一种教师对自己教育教学反思的研究。教师可以就日常教育教学工作中遇到的问题通过深入的反思聚焦问题，从而选定研究课题进行研究。

【例】李老师的困惑

户外活动时，李老师带孩子们在玩大型玩具。淘气的明明不断地从滑梯正面向上爬，既影响其他幼儿滑滑梯，又容易发生意外。李老师多次提醒，劝说他不要这样做，可当李老师转身照顾别的幼儿时，明明又故伎重演。无奈，李老师只好请明明站到自己身边反省。恰好园长来了，园长严肃地低声对李老师说：“快让孩子回去游戏，这样做不好，不能惩罚孩子。”李老师不知所措。事后，李老师向同事说明了自己的困惑，在同事的讨论中，李老师对这个问题进行了反思，结合自己的幼儿教育实践，并在幼儿教育理论的指导下，做了“教师教育策略”的研究。

三、园本研究的实施方式

园本研究应根据幼儿园发展实际，自主、灵活地选择不同的实施方式。

1. 合作型研究与独立型研究结合，以独立型研究为主

科研机构或是专业人员与幼儿园、教师合作，进行合作型研究，能使幼儿园与教师在研究中得到理论指导，促进幼儿园与教师研究水平的提高，但教师在其中常常只起协助与执行作用。在教师自己选题、自行管理进行的独立型研究中，教师的自主性强，独立性高，但研究的效率与规范相对较低。园本研究要把合作型研究与独立型研究结合起来，以独立型研究为主。在合作型研究中，专家要重视教师研究的内在积极性的调动与发挥，尊重教师在研究中的独特见解，要想方设法帮助教师转变协助者与执行者的角色，努力使教师成为研究的积极主动参与者，让教师积极主动地为研究出谋献策。

2. 引进型研究与独创型研究结合，以独创型研究为主

引进型研究是把外地、外园已有的成功经验引入本园，并结合本园特点不断完善与提高的应用性研究，具有见效快、难度小、少走弯路的优点。独创型研究是根据幼儿园实际，在他人没有研究的领域进行开创性、开拓性的研究，其特点是难度大，风险大，但意义也大。园本研究要把独创型研究与引进型研究相结合，以独创型研究为主。如果选择引进型研究，它要求教师要学习他人经验的精髓和方法，沿着引进—消化—建立自己的研究体系的研究方向进行研究。

3. 系统持久型研究与灵活机动型研究结合，以灵活机动型研究为主

立足整体构建、持续时间长的系统持久型研究，其组织性、计划性强，参与面广，有利于幼儿园可持续发展。立足幼儿园具体情况，根据教师的专长和兴趣确定的、持续时间短的灵活机动型研究，易发挥教师的独创性，有利于幼儿园实际问题的解决。园本研究要把系统持久型研究与灵活机动型研究相结合，以灵活机动型研究为主。幼儿园发展需要系统持久型研究，但是在具体研究过程中需要层层分解整体目标，根据幼儿园发展不同阶段的实际情况，形成多样化的灵活机动型研究。

四、园本研究的研究方法

园本研究方法的选择应逐步走向综合化，即采用多种研究方法和多角度去研究与解决幼儿园实际问题，重视经验总结法、观察法、调查法、个案研究法、教育实验法、教育测验法等实证研究方法的应用。要使园本研究达到实质性效果，研究方法必须以行动研究为主要抓手。

1. 行动研究法的产生与发展

融教育理论与实践于一体的教育“行动研究”（action research）是目前在教育学以及其他一些社会领域的研究中已经被普遍接受的一种研究方法或模式。它最早出现在 20 世纪 30～40 年代的美国。20 世纪 50 年代末期至 60 年代，行动研究的发展经过了一个相对缓慢时期。20 世纪 70 年代以来，世界许多国家教育界对行动研究再度关注。20 世纪 80 年代以来，行动研究随着国内外教育交流与合作的加强，而被引进到我国，引起了我国教育界的广泛关注。特别是在我国素质教育深入推进的今天，由于行动研究改变了教育研究为专业教育研究者所把持的局面，提高了教师的专业化水平，同时又很好地将研究理念与教育教学实践

结合在一起，因此它成为一线教师实施教育研究首选的模式或方法。

2. 行动研究的内涵与特点

行动研究是指教育实践工作者即教师和教育行政人员等，在真实的教育教学情境中，以解决教育教学工作中的实际问题为目的的一种教育科学研究类型。

行动和研究在西方社会科学中，原本是两个用以说明由不同的人从事不同性质工作的概念。“行动”主要指实际工作者的实际工作，“研究”主要指的是专家学者、研究机构的研究人员对人的社会活动和社会科学的探索，两者并不相干。正因为这样，就难以避免理论与实践、研究与行动的脱离，其结果必然是：你研究你的，我做我的。专业性的研究工作费时费力，而研究结果却难以解决实际问题；实际工作者在工作中虽然希望工作高效而且正确，但由于没有自觉地以科学的理论为指导，因而无法做出“有条理有成效的行动”。

为了解决理论与实践，行动与研究出现脱节的现象，在约翰·柯立尔、库尔特·勒温，特别是斯蒂芬·考瑞的努力下，把行动和研究有机地结合在一起，从而产生了行动研究。勒温指出，行动研究“是将科学研究者与实际工作者之智慧和能力结合起来以解决某一事实的一种方法”。凯米斯在《国际教育百科全书》中把行动研究定义为：“由教育情景的参加者，为提高对所从事的社会或教育实践的理性认识，为加深对实践及其依赖的背景的理解所进行的反思研究。”归纳上述观点，我们认为，行动研究是指在真实的教育情景中，教育实际工作者，按照一定的操作程序，综合运用各种具体的研究方法与技术，以解决教育实际问题，改进并提高教育教学和管理工作为根本目的的一种研究方法。

行动研究作为一种方法，与其他方法相比，具有如下几个方面的特点：

（1）研究目标——为行动而研究（research for action）。幼儿园的教育目标是为幼儿后继学习和终身发展奠定良好素质基础，以促进幼儿在体、智、德、美各方面的全面和谐发展。而理想与目标的实现存在于教育的基本过程之中，存在于教师的工作即行动之中，开展教育行动研究的目的就是通过对教育活动的研究，提高行动质量，增进行动效果，是为了行动而研究。它关注的是通过教育行动研究，改进教育工作，提高教育质量。这就要求教师在教育过程中不再是单纯的以教育理论工作者设计好的课程、达到预设目标的知识传播者，不能再把视野局限在教学内容与方法手段上，而应主动关注教育实践活动对孩子身心发展所产生的实际效果，反思自己的教育行为，进而有意识地改善行为。因此，教师的整个研究过程都是在行动之中展开的，是务实的。它不苛求教师一定要发表多少文章，出版多少著作，而是要求教师要通过研究改进工作和行为，提高行动质量。

（2）研究对象——“对行动的研究”（research of action）。行动研究的目的是改进教育实践，它是以实际问题作为研究对象，要求教育行动研究的内容或选题一定是实践中实际工作者所面临的亟待解决的教育教学、管理、决策等实际的问题，比如园本课程的开发与实施、活动组织形式、幼儿园管理、教师培训等问题。教师一般所进行的行动研究对象往往是教育实践活动中比较具体的微观层面的问题，如饮食习惯对幼儿性格养成的影响、教师提问策略与幼儿参与活动积极性的关系等。这些都要求一线教师在实践—反思—实践的过程中，不断总结经验，不断深入反思，使教育科研成果对教育教学更具有针对性和指导性。可见，行动研究既有助于促进对实际问题的解决，又有助于完善与实际问题相关的理论，推动教育理论的发展，成为教育理论向实践转化的有效途径之一。

（3）研究环境——“在行动中研究”（research in action）。行动研究不是在实验室进行研究，不是在图书馆、资料室进行研究，也不是在家里在书斋里做研究，而是在教师的实际工作环境即在教育教学的实际情景中进行研究。如果教师需要利用实验室、图书馆、书房等研究资源实施研究，一定要针对具体的工作问题，联系问题产生的实际情景，结合工作实际进行反思。实际工作环境是教师行动研究的真实情景。在工作中边工作边研究，是教师充分利用教师十分熟悉的工作环境中的教育研究资源，促进教师行动研究实效性的有力保证。脱离工作环境的研究，就不能对自身的实际工作进行有效反思，不能提高实际工作效率，不能促进实际工作面貌发生改变。

（4）强调行动者的合作研究。教育行动研究强调幼儿教师和专业教育研究者相结合的研究。这种研究是在双方彼此相互尊重、平等合作的状况下进行的。一方面它要求实际工作者自觉自愿地亲自参与，在专家引领下，通过研究，对自己从事的工作进行系统地批判性反思，在研究中增长实用性知识，从而改进教学，丰富教学策略，提高自己的专业化水平。另一方面，专业教育研究人员也要与一线幼儿教师平等协商，参与研究的全过程，与实际工作者共同探讨解决现实问题的方案。因此，在教育行动研究中，每个人都应成为“反思的教育者”，且通过合作，使两者研究的不足得到很好的互补，既克服了理论研究者的研究成果难以向实际转化的不足，增强了针对性，又克服了幼儿教师开展研究缺乏理论指导的不足。总之，通过两者的合作研究，使得行动研究的过程与成果更具有规范性和应用性。

（5）行动研究的程序是一个自我反思、螺旋式上升的循环发展的过程。行动研究缘于教育实践中的某一实际问题，终止于该问题的解决。在研究实施的过程中，研究者通常需要信息的搜集和反馈，不断调整研究计划，改进行动措施，直至符合实际教育情景的需要，达成实际问题的解决。实际上，任何一个实际问题的解决，不会是一步行动就能完成的，往往要经过多步行动，经过计划的不断调整、修订，行动的逐步改善、提高，通过不断的往复研究才能达到的。而且，一个问题的解决又会派生出与此问题相关联的新的问题，新的问题作为行动研究的对象又成为研究者实践反思、制定研究计划的起点，如此循环往复，决定了行动研究的永无止境和不断深化。按照凯米斯的观点，行动研究是一个从计划—行动—观察—反思不断循环往复的过程。

3. 行动研究的操作程序

如同所有的科学研究一样，行动研究自然也有它一定的操作程序或步骤。虽然在实际工作当中由于面对的教育教学问题不同，而使教育行动研究的操作不尽相同，但是其基本的步骤大致如下：

（1）明确研究的课题。教师在开展行动研究时，首先需要明确研究什么问题。问题的提出可在幼儿园统一组织下，对幼儿园在管理、教育、教学上存在的问题进行调查分析，对问题做出归纳、分类，从众多的问题中概括出最有研究价值的问题，甚至形成在一个时期里幼儿园需要通过研究解决的问题群。当然在研究课题的选择过程中，问题的提出可以是多方面的，既可以由教师在实际工作中提出，也可以由专业的教育研究者与教师通过观察、讨论、反思后提出，还可以由园长结合本园的实际提出，只是在问题的筛选上一定要注意教师和专业教育研究者的民主与合作、教师和园长的联系与合作，确保所确定的研究课题具有针对性、代表性和价值性。

（2）查阅分析资料。研究者根据筛选出来需要解决的问题，查找文献，有针对性地从中外教育理论中选取最适合的内容，作为研究者解决问题最迫切的指导。一方面要了解所遇到的问题在以往的研究中是怎样解决的，并判断其有无借鉴的价值；另一方面，要努力寻找新的理论依据和解决方法，为课题的研究提供理论指导和操作规范，从而保证行动研究的正确性。然而现实当中的教育理论众多，体系林立，且抽象和深奥，作为普通的幼儿园教师不可能一一了解。因此为了保证所选取指导理论的针对性和贴切性，有必要加强教师与教育科研人员之间的合作。教育科研人员要根据筛选出来的问题，有针对性地向教师介绍最前沿的教育理论知识，让教师学习和讨论与问题相关的教育理论。同时，教师在学习和了解教育科研人员提供给他们的切合教育、教学实际的教育理论的基础上，通过教师的集体合作，结合自己教育教学的实际，进一步从中选出适合自己需要的教育理论，并努力揭示、挖掘教育理论对解决问题的实际意义。

(3) 制订行动计划。教师在实施行动研究之前要先拟订行动计划。计划开始于解决问题的需要和设想，设想是以行动研究者对问题的认识以及他们掌握的有助于问题解决的知识、理论、方法、技术和各种条件的综合为根据。首先，计划需要以大量事实、科学的教育理论和调查数据为前提。其次，计划应该包括教育因素的估计，行动顺序的安排，以及资料收集方法的确定等内容。而且，计划还应包括“总体计划”和每一个具体行动步骤的计划方案。然后，制订的计划要求明确具体、明了简单，同时，还应该具有足够的灵活性和开放性，以应对没有预料到的情况的出现和没有估计到的制约因素的产生和变化，以便研究者能更有效、更灵活、更明智地采取行动。

(4) 行动研究的实施。在课题确立、找到理论依据以及行动计划制订完之后，教育行动研究就进入了实质性阶段，即行动研究的实施阶段。此阶段也是教育行动研究的核心步骤。该阶段主要应做好如下几项工作：一是进一步加强对相关的教育理论的学习和内化，以便更有效地用来指导研究和实践。二是教师根据实际的工作情景，指定研究的策略并付诸实施。三是教师在实际的教育教学中贯彻执行自己的策略，并与教育科研人员共同观察和分析教育、教学的进展情况，随着新问题的出现，不断地分析和寻找相应的理论依据，并做好记录，检查实际工作改进的成效与存在的不足，对记录进行归类整理，总结成文。

(5) 评估验证行动研究成果。该步骤就是在观察反思的基础上对行动的过程和结果做出判断和评价。教育行动研究的根本目的在于解决实际问题，改进行动，提高行动质量。行动质量提高与否，要看行动是否体现三方面的进展：行动本身的改进，认识的改进和行动所在环境即行动情景的改进。这三方面的改进是评估验证行动研究成果的中心内容。

行动研究是一个循环的结束，又是过渡到下一个循环的起始，它永无止境，循环往复，螺旋式上升。

五、园本研究的成果形式与鉴定标准

园本研究成果具有经验性质，具有很强的实践性与实效性。园本研究成果除了表现为论文、著作的形式外，更要以幼儿园教育教学、管理水平的提高以及加深对教育规律认识为主要成果形式，它包括三方面：一是认识成果。准确理解与解释幼儿教育规律与幼儿教育思想，形成正确的教育质量观、儿童观、教学观等。二是技术成果。改进或建立新的教育教学途径和策略，即研究使幼儿园与教师解决了怎么“做”的问题。教学途径、教与学的策略、游戏模式等的建立与改变都属于技术成果。三是实践成果。譬如，孩子发生变化，教育目标达成，某种理论得到验证等。

园本研究成果鉴定是以绩效成绩为主要评价标准，其衡量依据主要看研究成果满足幼儿园教育改革与发展的需要程度，成果引入幼儿园实践后是否切实可行、可供应用。它崇尚成果的社会价值评价，淡化形式繁多的学术价值评价，评价不是限于学术圈子，评价主体不限于专家认可，而是看重成果的应用者——幼儿园、教师、孩子及其家长的认可。

第三节　园本研究实施面临的主要问题及其对策

幼儿教育改革的深化，为园本研究的兴起与发展提供了生存与发展空间，但园本研究的实施将面临着诸多的挑战。

一、园本研究实施面临的主要问题

1. 教师迷信专家，对教育科研缺乏信心

很多幼儿教师认为自己的本职工作是教学，搞科研是专家学者的事，因此研究没有成为教师自觉的行为。一些教师认为自己缺乏理论修养，缺乏科研的技术和方法，对搞好园本研究缺乏必要的信心。有的教师在教育教学中迷信与依赖于专家研究的成果和权威思想，教育行动局限于按要求和习惯操作，不能进行批判性反思，不能做出独立判断。

2. 教师科研意识与科研能力相对欠缺

我国幼儿师范教育历来有偏重教学方法与技能的课程教学，轻视教育学类课程学习的弊端，使幼儿教师严重缺乏教育科学的理论准备。传统的幼儿园工作是粗放型的，不管是园长还是教师，他们提高工作水平主要是靠经验，而不是靠科研来获取。幼儿园里盛行科研无用论，认为幼儿园里搞科研是不切实际的，不搞科研照样办园、照样组织活动。这些都影响了教师的科研意识的提高和能力的发展。

3. 园本研究自身存在的问题

由于受研究主体的水平、研究视角、研究方法等方面的影响，园本研究并非完美无缺，自身存在局限性：幼儿教师科研经验不足，很容易出现低水平的重复研究；有些园本研究仅仅是经验的分析，缺乏深层次的思考；园本研究是以幼儿园为研究本体，这种研究具有具体性和特殊性，如果学术视野狭窄，不把幼儿园产生的问题放在社会发展的宏观背景下分析，就会犯研究的片面性和表面性的错误。

二、解决园本研究问题的对策思考

1. 树立正确的研究观念

首先，树立发展性的研究目的观。通过研究来引导和促进幼儿教育变革和创新，进而使幼儿园办出特色，提升办园水平和质量，这应成为园本研究的功能追求。其次，树立长效性的研究功能观。由于教育科研的复杂性，园本研究成果的显现以及在实践中推广应用，不可能有立竿见影的效果，它是一个长期的、持续发挥作用的过程，不能因为近期应用效果不明显就否认其研究价值。园本研究中，园长与教师的积极性、自主性得到调动，工作的责任心、事业心得到提高，研究水平和教育理论修养不断加强，这种潜在的积极效应的影响是久

远的、深刻的。再次，树立实践性的研究质量观。园本研究的成果应在全面评价的基础上，着重看其社会价值和实践应用价值。园本教育科研成果必须在实践中接受检验，在实践中检验其对幼儿园工作的效益、对幼儿教育改革的贡献，是否切实可行、可供应用。

2. 形成科学的思维方式

作为研究主体的教师在研究时应具备哪些思维方式呢？其一，要有宏观思维。要在社会大背景中去认识幼儿教育工作，应该把幼儿园放在一个特定的地区的政治、经济、文化等宏观的社会背景中，来研究幼儿园的未来与发展。研究要做到跳出幼儿园看幼儿园，跳出教育看教育。其二，要有系统思维。园本研究要整体设计，专题落实，抓点带面，逐步深化，先向纵深前进，而后再向横向发展。要从微观的活动组织形式改革研究发展到教学方法及教学模式、幼儿课程的改革研究；从园内教育扩展到幼儿园教育与家庭教育、社区教育相结合的研究；从教育教学活动方法的改进扩展到孩子习惯养成、能力培养、心理健康等的综合研究。其三，要有创新思维。创新是科学研究的本质特点，也是科学研究的灵魂。园本研究在继承前人或他人研究的基础上，要做到研究的问题新、研究的角度新、研究的方法新、研究产生的效果新。其四，要有超前思维。研究应着眼于幼儿园的未来发展和孩子的潜能开发，用未来的眼光看现在的办园问题。其五，要有辩证思维。研究要突破线性思维，打破定势，多角度、全方位地考虑问题。研究要克服机械的、静态的思维，要辩证、一分为二地看待幼儿园的各项工作。

3. 选择恰当的研究模式

园本研究必须根据幼儿园实际，选择合适的研究模式。

（1）经验总结式。这种模式参加研究的主体是园长与教师，研究的内容是园长与教师自己的教育教学和管理的经验，研究方法主要是经验总结法。其优点是有利于调动园长和教师研究的积极主动性，易操作。不足是如果没有一定的理论修养，会导致研究的片面性、狭隘性、肤浅性。该模式的关键是理论升华，即把经验上升到理论高度。

【例】学会换位思考

在周三的教研会上，园长反映有许多家长抱怨新老师的家长工作没有做好。针对这个问题，园长与教师们联系既往经验展开讨论，经过商讨，园长最后给大家做了一个总结：家长工作是幼儿教师工作的一项重要内容。刚做家长工作的时候，许多老师会抱怨家长挑剔、自私，但要知道这是家长爱孩子的表现，是家长对教师工作的要求。所以，希望老师们能换位思考。当家长抱怨时，希望老师们站在对方的立场上，想一想自己的工作是否做得扎实，哪些方面还需要再努力，怎样以合适的方式和家长沟通，共同探讨要解决的难题……

（2）合作研究式。它是幼儿园与科研机构、高等院校合作进行的研究。参加研究的主体是专业研究人员与幼儿园部分教师，研究采用的方法更多的是实验法、个案法、调查法等实证的研究方法。它的优点是专业人员加入研究，能提升幼儿园科研的水平，规范研究。不足是如果不注意调动教师的积极主动性，就会使研究处于被动研究、应付研究状态。该模式的关键是调动教师的研究积极性和自主性，使研究既具有理论价值又能有效地指导幼儿园的实际工作。

（3）课题牵动式。这种模式强调围绕办园思想，用课题去统领和引导幼儿教师开展教育研究，其研究的主体主要是幼儿园的园长和教师。研究内容主要是根据幼儿园发展的内在需要确定主导性研究课题，研究方法可以根据课题的不同需要来选择，但一般是侧重行动研究法。这种模式具有针对性、系统性、科学性较强的特点。该模式的关键是要根据幼儿园发展与孩子发展需要，设立能体现办园特色的主导课题，各年段、各教研组在主导课题框架内，结合领域活动以及小、中、大三个年龄段孩子的特点，确定二级课题，每位教师根据自己在教育教学活动中存在的问题设立三级小课题，这样，做到人人都能自主、积极参与研究。

（4）教研拓展式。它以幼儿园原来的教研活动为基础，加以拓宽及发展，从而提高教研科学化水平，使教研向科研转化。研究主体是园长和教师，研究方法是多种方法的结合，但侧重于经验总结法。其优点是能让广大教师积极主动参与研究，克服教师参加科研的神秘感，容易让教师获得成功，从而增加其科研的信心。这种模式的关键是要求教师的视野要开阔，要有相应的创新意识和创新能力。

4. 培养坚定的研究信念

园本研究要求教师与其他科研工作者一样，要有良好的个性品质与高尚的精神境界，但对广大教师而言，首要问题是形成坚定的研究信念，树立研究的信心。幼儿教师不是专业研究人员，他们开展教育研究往往存在着许多困难，但也有许多优势与机会。教师拥有丰富的机会与实践经验，对孩子、对幼儿园最熟悉，对教育教学问题的体会最深刻，教师边实践边研究，能使实践与研究同步发展。有价值的教育问题常常都是从教育实践中提出的，基于实践问题的研究成果通过教师进行应用，检验其价值，发挥其作用。因此，古今中外，真正的幼儿教育大师不是来源于书斋，而是脱颖于实践，陈鹤琴、陶行知、福禄贝尔、蒙台梭利等，无一例外。此外，要培养研究的恒心，目标专一，持之以恒，是研究者最宝贵的素养。幼儿园与教师一旦明确自己的研究方向与目标，就应坚持到底，不要轻易放弃和动摇，要对其进行系统深入的探索。

思考题

1. 什么是园本研究，园本研究有何特点？
2. 联系实际说明加强园本研究的重要意义。
3. 园本研究要遵循哪些基本原则？
4. 什么是行动研究法？与其他方法比较，行动研究法体现出哪些优点？
5. 联系实际阐述园本研究实施的阻力与对策。

第九章 叙事研究

教学目标

1. 理解教育叙事研究的含义、特点、意义以及原则；
2. 掌握教育叙事研究的基本程序；
3. 了解教育叙事研究的注意事项及基本要求。

20世纪80年代，社会科学研究领域刮起了一股“叙事研究”之风。这缘于教育研究一直以来的困境：教育研究和教育行动分离，教育理论和教育实践脱节。

首次将叙事研究引入教育领域的是美国学者杰克逊。到20世纪80年代，教育叙事研究逐渐成为一个重要的学术课题，得到了广大学者的推崇和研究，其中以加拿大和美国学者为主要的研究群体，尤其是加拿大学者康纳利和克莱丁宁的研究成果最为显著。随着国际学术交流日益频繁，20世纪90年代末教育叙事研究引入中国，引起了我国专家学者、中小学教师和幼儿园教师的关注。2000年以来，国内学者丁钢、刘良华、卜玉华等人对国外教育叙事相关研究成果进行了译介与研究。

第一节 叙事研究概述

传统的研究源于对规范与标准的追求，将完全的抽象化、理性化、数量化、规范化视为教育理论研究的最高境界，导致的结果是经验形态往往在理论表述中被不知不觉地抽干、淘空，教育经验中原本具有的丰富意蕴被无情地忽视。而教育叙事研究非常强调理论的经验表达方式，它将教育故事、教育事件，以及与之相关的个体经验、个体对教育的理解等，以阐释而非物理浓缩的方式升华至教育理论的高度，为教育理论研究寻找生长的土壤。

一、叙事研究的含义和特点

1. 含义

人类经验很多是故事经验，人类不仅依赖故事而生，而且往往是故事的主人。想要对人进行研究，最佳的方式就是抓住人的故事经验，记录并撰写人的故事经验，这种撰写的故事就被称为叙事。关于叙事（Narrative）的定义，《韦伯第三国际辞典》认为，“叙事”就是“讲故事，或类似讲故事之类的事件或行为，用来描述前后连续发生的系列性事件。”

叙事研究，又称为“叙事探究”或“故事研究”，这种研究以叙事的形式描述人们的经验、行为以及作为群体的个人的生活方式，关注人们生活的故事和人类内心的体验，抓住人类经验的故事性特征进行研究，并用故事的形式呈现研究结果的一种研究方式。

教育叙事研究（Narrative Inquiryin Education），就是用叙事研究的方法研究教育领域的问题，它关注日常教育实践与经验的意义。它是以质性研究为出发点，强调对经验的研究，并以叙事的方式加以描述。具体来说，教育叙事研究，就是教师以讲故事的方式展开研究，这些故事可以是在教育活动中有意义的生活事件、教育教学事件、教育行为和经验等，并通过对这些故事的分析和反思，发掘隐含在这些故事背后的教育思想、教育理论和教育观念。关于教育叙事研究的定义我们可以从两个方面来理解，首先，教育叙事研究是“讲有意义的教育故事”，而不是“写纯理论的教育论文”。其次，教师作为研究者，应以叙事的方式对教育的客观事实和主观行为进行反思并转变自己的教育观念和教学方式。

幼儿教师教育叙事研究的内容主要集中在以下几个方面：

（1）教育主客体“人”的故事。在叙事研究中，教师首先应该写教育对象即幼儿的故事。写幼儿的故事实际上是一种“幼儿个案研究”。教师的叙事研究要叙述幼儿的认知特点、情意特点、人格特质，叙述幼儿的年龄特征、个性差异、身心规律，叙述幼儿所感兴趣、所思考、所进行的活动，当幼儿生活的真实世界展现在人们面前时，我们就有了与幼儿对话、沟通、交流的可能，有了以幼儿之喜为喜、以幼儿之悲为悲的可能，师幼共同的教育世界才有可能建立起来。

其次应该写教师同事（含园长）的故事。写同事的故事相当于“教育传记”。写同事的故事其实是观察和调查同事的专业生活，是做观察研究和调查研究，然后像写“教育传记”那样讲述观察研究和调查研究的故事。

最后应该写教师自己或家人的故事。写自己的故事是“教育自传”。写自传实际上也是一种观察研究，是一种自我观察。教师记录教育生活中发生的“意外事件”“突发事件”“生活冲突”“生活悲剧”“生活喜剧”等，这些教育日志中的事件可以大量地转化为“教育自传”中的故事。

（2）教师教育思想、行为。教师的叙事研究要研究教师的日常行为背后所内隐的思想，以及教师的生活故事当中所蕴含的理念，以便为教师的行为寻求到理论的支撑，为教师的生活建构起思想的框架。

教师的教育思想指导着教师的教育行为。教师有什么样的教育理念，对教育秉持着什么样的信仰，直接决定了他在教育活动中所采取的行为。如果教师以幼儿为本，将幼儿看做是教育的主体，尊重、热爱幼儿，那么在教育活动中，教师的言行举止将表现出事事从幼儿的立场出发；相反，教师若是将幼儿看做成人的附属物，无视幼儿的身心发展需要，那么在教学活动中，教师的言行举止将处处以自我为中心，对幼儿的各种要求无甚反应，对幼儿受到的伤害无动于衷。

对教师教育行为和教育思想进行叙事研究不是为了一般的描述，而是要倾听教师的内心声音，感受教师的主观世界，体验教师的生命律动，探寻教师的行为意义。这种研究有助于教师更深地认识自己、提升自己，使自己的思想获得升华。

（3）教师的教育活动。教师的教育活动是多姿多彩的，在活动中教师可以展现自己、塑造自己、成就自己。教育叙事研究就是通过研究各种教育活动来了解教师的为人修养、个性特征、知识基础、教育智慧、气质类型、教学风格等等。可以说，教师的教育活动范围有多宽，教师的叙事研究领域就有多广；教师的职业触角有多深，教师的叙事研究延伸就有多长。

对教师思想行为的研究、教育活动的研究以及“人”的研究三者往往是相互联系，不可分割的。

【例】一名幼儿教师的叙事研究的内容：

蜗牛为什么拉红屎?

有一天，耿蕾发现蜗牛拉出了红色的粪便。于是，她立刻把这个消息告诉了大家。可是，有的孩子说那是血，有的孩子说那是屎。

我问："为什么说是屎而不是血呢?"一个孩子说："它是一圈一圈的，像大便一样。血不会是一圈一圈的。"通过仔细观察，多数孩子判断蜗牛拉的是粪便，可是，对蜗牛为什么会拉红色的屎感到不解。

于是，我启发道："大家想想，屎是怎么形成的?"

孩子们说："吃了东西拉出来的。"我又问："你们还记得蜗牛昨天吃什么了吗?"

大家异口同声地说："草莓。"这时有个孩子恍然大悟地说："噢！我知道了。草莓是红的，蜗牛吃了草莓，拉的屎是红的。"有的孩子不信，有的说应该试一试。我支持了孩子们试一试的想法，并为他们提供了几个小托盘。孩子们自愿结合成4组，每组选择不同颜色的食物进行关于"蜗牛的食物与粪便"的实验活动。

第一组选择白色的纸（纸的原材料是芦苇秆，在探究蜗牛吃什么时，幼儿已有蜗牛吃白纸的经验)。第二组选择黄色的橘子。第三组选择绿色的菜叶。第四组则提供红色的西红柿。

通过两天的喂养观察，孩子们惊讶地发现，吃了什么颜色的食物，蜗牛就拉什么颜色的粪便。于是，我告诉小朋友，因为蜗牛的肠胃很简单，不能完全将食物消化，所以粪便的颜色与吃的食物的颜色很相似。

（选自：尹坚勤，《教育叙事研究——一种每个教师都可以运用的研究方法》)

2. 特点

教育叙事研究的基本特点是研究者以叙事、讲故事的方式表达对教育的理解和解释。它不直接定义教育是什么，也不直接规定教育应该怎么做，它只是给读者讲一个或多个教育故事，让读者从故事中体验教育是什么或应该怎么做。

具体而言，幼儿教育叙事研究具有如下特点：

(1) 时间性。从时间上来说，教育叙事研究讲述的是已经"过去"的、已经完成的或者是正在发生的教育事件，而不是教师对未来的展望或构想出的将要发生的教育事件。它所报告的内容是实际发生的教育实践，而不是涉及未来"应该"的教育规则或教育想象。

(2) 亲历性。从叙事者或写作者的角度看，教育叙事研究中的叙事者或写作者既是说故事的人，也是他们自己故事里或别人故事中的角色。叙事者处于事件的场景之中，而且注重对自己或某个人、某个群体的行为作出解释和合理说明。

(3) 故事性。所谓故事性就是要求叙事的内容是一个完整的有情节的真实故事或故事片段。教育叙事研究不是简单地记流水账，而是记述那些有教育意义、能促使教师思想和行为改变、引起教育实践变革的具体故事。同时，这些教育故事还需具有一定的情景性。需要注意的是叙事，是记述日常生活故事及故事的细节，突出的是教育生活中鲜活生动的情节，而不是抽象的概念或理论。

(4) 意义建构性。从写作目的来看，叙事研究必须在某种程度上提供一种刺激、一种参照、一种可能，以唤起读者的反思意识。所以，叙事研究是一个由故事中的角色、叙述者、读者共同建构意义世界的过程。具体地说，教育叙事研究关注生活中具有时间性、情节性且具体的、鲜活的人和事件，关注作为人的体验和感受，但最终关注的是这些体验和感受对人的影响和意义。所以研究者在做教育叙事研究时要求所讲的故事要有意义，要蕴涵一定的教育道理和教育理论。当然，这些教育道理或教育意义是隐藏在所描述的教育故事之中，要透过故事加以领悟。

（5）归纳性。从获得结论的方式看，教育叙事研究获得某种教育理论或教育信念的方式是归纳而不是演绎。也就是说，教育理论是从过去的具体教育事件及其情节中归纳出来的，是由个别上升到一般、由具体上升到抽象的过程。

二、叙事研究的方式和类型

1. 方式

教育叙事研究是以教育者的教育经验作为对象，叙述故事，进而对其进行研究的一个过程。教育叙事研究的方式主要有两种：

（1）自叙。自叙就是教师叙述发生在自己身上的教育故事或自己的教育经验，这时，教师既是研究者也是叙事者。在这种方式中，教师叙说自己在教育活动中如何发现问题、解决问题，叙述出一个完整的故事，展示出教育者完整生动的教育画面，从而形成系统的自我认识、自我反思，达到自我建构的状态。简单地说，这种方式主要是教师自己写自己的故事，并对自己的经历进行咀嚼、反思，真实细腻，可信度高。

（2）他叙。他叙是指教师只作为叙说者，教师叙说的故事由专业的研究人员记述。此时，研究人员是独立于叙事情境之外的，他们把教师作为观察或者采访的对象，或者把教师所叙述的“想法”及“经验”等作为研究对象。研究人员将教师所叙述的教育现象、事件和经验等整理成一个完整的故事，从而对其进行深入分析，揭示故事背后所隐藏的意义，促进教育理论和教育实践之间的互动。这种方式比较客观，是常见的教育叙事研究方式。这种研究方式要求研究人员具有较高的专业素养，对故事的把握能力强。

2. 类型

根据不同的标准可将教育叙事研究划分为不同的类型。

（1）根据教育学的范畴分类，可以分为德育叙事、教学叙事和管理叙事。德育叙事就是讲德育故事，借助对道德事件的叙述进行研究，充分挖掘事件本身所蕴含的道理、意义，从而促进幼儿的品德发展。教学叙事是将自己某一堂有价值的课堂教学叙述出来，使之成为一个完整的故事，从而进行分析、研究。管理叙事即教师在班级管理过程或教学事件中，将某些有意义的管理事件叙述出来并进行分析、研究。

（2）根据场域的范畴分类，可以分为教育叙事和生活叙事。教育叙事是把研究视野聚焦在教育教学这一领域，涉及教育教学中教师与孩子成长的故事，而生活叙事是对教师的日常生活故事的叙事，教师的日常生活与教师成长、教育状态、教育经历密切相关，因此教师的生活叙事也非常重要。

（3）根据事件发生时间分类，可以分为追溯型叙事和预设型叙事。追溯型叙事是指行为者在事件已经发生之后对其进行的描述与反思。它的实施具体表现为对事件的即时追溯和对以往经历过的事件的追溯。它类似于自传，故也称为自传叙事。而预设型叙事属于叙事的行动研究，是指教师在分析、思考教育教学问题的基础上预设出解决问题的方案。

（4）根据故事的类别分类，可以分为大叙事和小叙事。大叙事包括三类：调查的叙事研究即讲现场的故事，经验的叙事研究即讲自己的或者自己获取的故事，历史性叙事研究即讲历史的故事。小叙事也包括三类：教育传记、教育自传和教育教学文件介绍。

三、叙事研究的原则

1. 真实性原则

真实性原则即教育叙事中的故事须是教师在日常生活、课堂教学、研究实践等活动中曾经发生或正在发生的事件，是真实的，而不是教育者捏造的美丽谎言。关于故事可不可以虚构这一问题，有不同的观点，一种观点主张可以虚构，另一种观点主张不可虚构。我们认为教育叙事研究中的故事必须是真实的而非虚构的，因为教育的真正秘密掩藏在教师的日常教育经验中，教育叙事研究就是通过这些真实的经验故事，帮助教师认识自我，进行反思，转变教育观念和行为，探究这些教育经验背后的秘密。因此只有真实的教育故事，才具有研究价值。

2. 理论性原则

理论性原则是教育叙事研究的重要原则之一。理论性原则具体表现在：首先教育叙事研究需要一定的理论框架来指导研究者进行研究设计，收集、整理研究资料，撰写研究文本等；其次，叙事研究的最终成果，须体现研究者的教育理念、观点，当然这也要求研究者要具有一定的理论水平。教育叙事研究，是叙述者面对特定教育现象的深思熟虑，是对所遇到的教育问题寻求解决对策的过程，是对教育经验的一种整理和提炼，是教育理论和教育实践的有效结合、融合。

3. 深描性原则

“深描”即详细地介绍教育问题或教育事件的发生与解决的整个过程，留意一些有意义的具体细节和情境，在叙事研究的报告文本中引入一些“原汁原味”的资料。要求研究者通过对事件、人物和场景的深度描写，准确地刻画事件全貌，使读者对事件有一个整体性和动态性的把握，使事件背后隐藏的深刻意义在讲述中自然地显现。可以说，在叙事文本中，没有深度描述，便不会有深度意义诠释。但值得注意的是，虽然深描能揭示故事背后的道理和意义，但是过度“深描”的叙事就会让人产生一种矫情、琐碎或者不着边际的感觉，甚至会使研究陷入与教育经验的联系不断减少的困境。其实，在教育叙事中一定的模糊反而能给读者留下感悟、想象、个体性解读的空间，叙事文本的多重意义也恰恰可能蕴藏在这种模糊的空间之中，并通过作者、读者与文本间的多层对话建构出来。

4. 规范性原则

规范性原则是指开展教育叙事研究时研究者应遵循一定的标准和程序。教育叙事研究不同于教育日志、教育随笔等，它不是“就事记事”或“流水账”式的叙述，也不是为了引出作者的争议的概括性叙述，它具有一定的规范性，有其自身的特点和研究程序，如教育叙事研究具有时间性、亲历性、故事性、意义建构性和归纳性的特点，教育叙事研究有 6 个具体环节，即明确研究问题、选择研究样本、进入研究现场、收集第一手资料、整理分析资料和撰写研究报告。

5. 价值性原则

价值性原则即教育叙事研究中所叙述的故事须是有价值的教育事件、生活事件、教育行为和经验等，通过对这些有价值的故事进行分析和反思，能使教育研究者挖掘出隐藏在这些故事背后的教育意义。遵循教育叙事研究的价值性原则，并不是一味地追求叙事的经典性，如很多教师喜欢关注那些有行为问题的幼儿，叙述教师如何机智地解决幼儿的行为问题，或者叙述那些对其专业发展有影响的事件，等等。毋庸置疑，这些典型的事件值得研究，但同时还应该重视日常教育经验的价值，有些看似平淡无奇的教育事件可能隐藏着教育的真正秘诀。

四、叙事研究的意义

对教育实际工作者而言，教育叙事研究具有重要意义，这主要表现在以下几个方面：

1. 有利于教育理论和教育实践相结合

教育叙事研究可以解决教育界长期存在的问题，即教师教育教学实践和理论研究相脱节的问题。传统理论研究遵循的步骤使得中小学、幼儿园教师的教育研究脱离实践，成为游离于教师教育教学实践之外的另一项活动，从而削弱了这些研究成果的应用价值。教育叙事研究提倡对教育活动中有意义的生活事件、教育教学事件、教育行为和经验等进行分析、反思、研究，挖掘其教育思想、理论和信念，而这些思想、理论和信念又为教师的教学实践提供了指导，切实做到了教育理论与实践相结合。

2. 有利于幼儿教师的专业成长

教育叙事研究使教师在平淡中发现问题，增进教师自我理解、自我反思，推动课堂教学改进，从而促进教师专业成长。首先，教育叙事研究能提升幼儿教师对教育实践活动的研究意识和能力；其次教育叙事研究有助于幼儿教师通过经验反思积累实践知识；最后教育叙事研究能促进幼儿教师向专家型教师转变。

教师叙事研究主张教师从日常生活、教学中发现问题，灵活地运用口述、观察、日记、传记以及书信和文献分析等各种方式，采用第一人称的形式，来描述、记叙教育事件。这样的研究不需要教师有较高的专业理论，而且无论是研究问题的确定，还是研究方式的选择、资料的分析都能被一线老师掌握，教师的研究成果——“教育记叙文”比起传统的“教育论文”更能引起读者的共鸣，从而也体现了这种研究的价值 注重体验、关注价值、凸显意义、回归生活。这样的研究会唤起教师的研究意识，增强研究信心，使教师乐于充当研究主体角色，在研究中促进自身专业成长。

3. 有利于幼儿教育教学质量的提升

教育叙事研究能揭示出隐藏在各种有价值的“故事”背后的深层次意义，其研究结果有助于改善教育教学实践，提高教育教学质量，避免违背教育规律的现象发生。作为教育科学研究方法之一，教育叙事研究为教育实践服务，它源于实践，并且最终回归实践，为实践所用。

在新时期的幼儿教育实践背景下，教师通过学习和运用教育叙事研究，能有效发挥积极作用。由于独生子女家庭已日渐成为主流，家长对幼儿教育的质量和水平要求愈发严苛，幼儿教师面临的教育任务愈发繁重。教育实践中存在许多可供深究的时代性问题，这些问题适合用作教育叙事研究的课题和基本素材。一线幼儿教师通过觉察、反思、访谈和记录等等一系列研究操作过程，最终领悟和总结教育规律或理念，并将这些研究的成果直接用于教学实践中，促成原问题和类似教育问题的解决，使教学在研究的过程中逐步提高效率，从而不断提升教育教学质量。

第二节　叙事研究的基本程序

如何开展教育叙事研究，是将理论落实到教育实践中所应明确的重要问题。由于不同学者的观点和侧重点不同，教育叙事研究的实施未有统一固定的模式。但总体来说，不外乎6个具体环节：明确研究问题—选择研究样本—进入研究现场—收集第一手资料—整理分析资料—撰写研究报告。

一、明确研究问题

这是实施研究的第一步，指明研究的基本方向。面对纷繁复杂的教育现象，作为研究者应学会从看似细微而普通的教育事件中聚焦、提炼和透析出外显或内隐的课题。但是，并非所有的问题都能作为叙事研究的对象，在确定时需要考虑3个主要因素：

意义性。指所研究的问题应具备教育理论和实践价值。一般研究问题来源于教育实践中亟待解决的已有问题，或者通过观察和思考发现的潜在问题。例如，针对“流动儿童的幼儿园生活适应不良”这一特殊教育现象的研究，就很好体现了课题的时代感和价值性。

可行性。指所感兴趣的问题应具备主客观的研究条件。为了保证研究的可行性，研究者界定的问题应尽量具体化，切忌过于宽泛。比如“如何帮助害羞的孩子融入同伴群体”这一问题显然较为笼统，适当地缩小“融入同伴群体”的范畴，将原问题调整为“如何让害羞的孩子加入游戏中”，将使问题更有针对性和操作性。

创新性。指提出的问题应具备一定的新意。针对一些普适性问题，需要研究者阅读和储备已有资料，做出恰当的判断，以避免重复研究，造成研究资源的浪费。

二、选择研究样本

总体指所有拟研究的对象，样本则是总体的一部分。选择研究样本是研究得以顺利开展的必要条件。合适的样本量可保证研究结果的科学性。由于叙事研究通常以访谈和观察为主，选择小样本量不仅有助于研究的深入，操作的过程也相对简便。除了样本的数量，在这一阶段还应兼顾样本的典型性、匹配性和就近性。

典型性指样本对总体的代表程度。样本就如总体的缩影，需能较好地反映总体的各方面特征，否则研究也就失去有效性。这就要求研究者在选择样本之前，应明确目标总体及其特征，包括年龄、性别、家庭背景、个性等各方面因素，以排除主观选择对研究的影响。具体的选择标准则需依不同的研究问题和研究目的而定。

匹配性指研究者和研究对象双方关系的协调合作程度。匹配性良好的研究关系一方面使研究得以顺利进行，另一方面也有助于研究者获取真实全面的第一手资料。对此，研究者首先要充分尊重研究对象的知情与同意权，这是获得对方合作的基本前提。其次，研究者应提前熟悉研究对象的基本情况，细致入微地把握研究对象的现场反应。在研究过程中，研究者接受并积极地关注研究对象，取得研究对象的信任和配合。

就近性指研究样本的可获取程度。研究源于现实，应从现实条件出发，充分考虑已有的可利用的资源和途径，方便在较短时间内找到所需样本。比如，幼儿教师在做教育叙事研究时，可考虑选择自已班上或所在幼儿园的相关儿童的教育事件作为研究对象。

三、进入研究现场

研究现场指研究对象所在的现实环境、教育事件发生的真实或特定的情境。进入现场是获得教育叙事研究真实资料的有效路径，有利于研究者客观地描述教育事件，领会并解释教师和幼儿的心理和行为产生的根源。否则，研究只能停留在抽象的理论分析，无事可叙，更谈不上具备现实的说服力。

如何进入研究现场，则应根据研究的具体要求来选择。一般来说，可分为自然地融入，或者设置特定情境地快速进入；可加入到教育活动当中，或者作为旁观者进行观察、记录等。不同的进入方式需根据不同研究对象的特点和研究目标加以选择。例如，拟研究幼儿游戏行为，研究者可经由教师介绍，以一名新角色进入到幼儿游戏场景，这一方式更容易被年龄较大的小朋友所接受。对年龄较小的儿童，如小班幼儿，由于该年龄段儿童以独立游戏为主，较少注意他人，研究者与幼儿少有互动，研究者选择非参与的方式来展开研究可能效果更好。

四、收集第一手资料

收集第一手资料是进入现场的主要任务。研究者可以围绕研究问题，采用观察、访谈等方式获取第一手资料。由于教育叙事研究强调真实性、情境性，所采用的观察法一般以自然观察为主，即在真实而不加控制的状态下展开观察。访谈法则指研究者有目的地与研究对象交谈的方法，它能够协助研究者更好地了解研究对象的内心感受，较为全面而深入地把握教育事件的过程，洞察相关人物的心理和行为的发展变化及其特点，促进研究者解释和反思教育事件。

为了保证观察和访谈的针对性，研究者可以事先根据研究主题和研究目的确立几个重要维度，拟定相应的提纲，以避免面对多样的情境而遗漏关键要素。在现场收集资料的过程中，研究者需保持价值观中立，搁置主观偏好，用开放、真诚的态度来看待并记录研究对象的一言一行。资料的类型相对较多，除了观察、访谈可获得的第一手资料外，还包括相关资料，如相关教育故事和生活事实、教育札记、录音（像）资料、研究对象的日记或作业、照片、信件，等等。不同类型的资料，获取的途径也不尽相同，研究者可能自行完成搜集，也可能需要他人的认可、支持和帮助完成搜集。

五、整理分析资料

整理和分析资料是将所获取的第一手资料进行有逻辑性、系统性和组织性地择取和加工的过程，是发挥资料的意义和价值的重要环节。这一环节相对复杂，但是加工越精细，程度越深，研究者对事件感悟也就越多越深。

具体而言，对资料加工的过程主要包括 3 个步骤：首先，研究者需整合第一手资料，写出原始故事，故事之间一般具有时空上的延续性。其次，原始故事需经过编码，即根据研究主题和目的，提炼出故事的基本元素，搭建基本结构，再将故事按照这些基本元素进行编码，形成故事的主要框架。如果在收集资料前制定相应的提纲，编码时工作量也会小些。最后，根据基本结构重新书写故事，形成较为清晰精炼的序列性的故事文稿。

在整理和描述故事过程中，研究者需注意两点：第一，时空延续性。所叙之事的来龙去脉，研究者需阐述清楚，尤其应注重分析事件发生发展过程及人物之间的内在联系。第二，概念本土化。研究者应在大量的已有资料中找出那些研究对象经常用来表达自身观点和感受的语言，还原材料的真实，尊重研究对象的声音，加强叙事研究的个性色彩。

六、撰写研究报告

研究的过程和结果需以报告来呈现。经由上一步骤的整理和分析，整个研究的逻辑将愈加明晰，研究者也更容易把握全局、把握研究，并最终将整个研究及其成果形成文本报告。

在撰写报告时，需注意如下几方面问题：①准确地叙事并运用幼儿教育理论分析故事，揭示隐藏在故事背后反映幼儿教育的基本原理、基本规律。故事性的叙事是研究的血肉，研究者需通过对教育事件进行故事性“深描”，完整地还原事件发生的时间、地点、人物、经过等，给予读者身临其境的感受。故事的论述性分析则是研究的灵魂，研究者透过故事揭示人物的相互关系、人与事间的因果关系等，解释教育事件，促进研究升华。②报告呈现形式不拘一格，叙事模式多种多样，可根据研究的具体情况灵活运用。一般常用的叙事模式有：先阐述原理后叙述故事，先叙述故事后阐明原理，夹叙夹议等。在论述过程中，应注意主次分明，条理清晰。③重视研究的伦理道德规范。为了维护研究对象的权益，撰写报告时需遵循伦理道德规范。首先应严守保密原则，切忌暴露研究对象的隐私，撰写时可用符号代替研究对象的姓名、所在单位等不便透露的信息。另外，研究对象为配合研究所提供的基本资料和信息只能用于研究，如作他用则应征得研究对象的同意。

以上六步骤便是开展教育叙事研究的一般过程。实施科学的教育叙事研究强调研究的系统性与科学性。只有将每个环节的工作做到位，才能使研究的意义和作用最大化。下面举例介绍叙事研究的具体实施程序：

【例】

幼儿园男教师专业发展个案的叙事研究

研究的具体实施过程：

1. 确定研究问题

幼儿园男教师的价值和地位已被大量理论研究所论证。然而，现实中为数不多的男教师在实际工作中，生存和发展面临诸多的困难，对此研究者产生困惑，并最终确定如下3个研究问题：一是幼儿园男教师在幼儿园的女性氛围中如何发展？二是影响幼儿园男教师专业发展的因素有哪些？三是如何才能更好地促进幼儿园男教师的发展？

2. 选择研究样本

研究者以上海市D幼儿园一位在园工作3年而且预期内也不打算离开的男教师Z老师作为研究对象，选择的依据如下：

典型性：D幼儿园是上海市P区首所聘用男教师的幼儿园，积累了一定的管理和培养男教师的经验，也为促进Z老师的专业发展创设了优良的成长环境。Z老师，学前教育专业本科毕业，具备学前教育领域的相关专业知识，掌握幼儿教师所应具备的技能技巧，热爱自己的职业和关心孩子。

就近性和匹配性：Z老师是研究者的同班同学，保证收集材料的便捷性和真实性，双方已有的关系也能减少陌生人之间的戒备，提高合作和互动程度。

3. 进入现场、收集资料

研究者将自身定位为“学习者”的角色进入幼儿园展开观察、访谈。

获取资料的方式主要有3种：

(1) 资料收集。主要的资料类别有3类：教师专业发展阶段理论、幼儿园男教师的相关理论和统计资料；与课题相关的文献及综述；Z老师在幼儿园3年工作积累的公开课教案、教学日记、教学随笔、科研文章、报告小结、教学录像等。

(2) 访谈。正式访谈和非正式访谈相结合。正式访谈为结构性访谈，主要涉及的方面包括：对Z老师的大学生活、初入幼儿园、目前的状况，和园长家长及其他同事的关系。非正规的访谈则主要用于了解Z老师对某些活动、问题和做法的看法。

(3) 实地观察。对Z老师进行为期一周的跟踪观察，了解Z老师在幼儿园的日常活动，感受幼儿园对男教师创设的发展空间。

4. 整理和分析资料

处理资料时，研究者主要按照原始资料的整理、阅读和登录、寻找本土概念和资料系统化的要求展开，具体如下：

原始资料的整理。先对Z老师提供的资料进行分类重组。转录访谈的文字并进行编码，整理观察实录，写下当天的观察反思。

阅读和登录。按研究主题将材料分类，提炼出访谈、观察资料的一些关键词和句子，并在此基础上将相同主题的资料登录在一起。

寻找本土概念及资料的系统化。引用访谈资料所整理的故事，有时采用Z老师所用的语言作为叙事标题。根据教师专业发展阶段理论和影响教师专业发展的因素组织材料。

5. 形成研究报告

在此阶段，研究者以如下思路组织研究的资料和结果：

第一部分：理论解读幼儿园教师的专业发展及影响因素。围绕“教师专业发展阶段理论”“影响教师专业发展的因素”以及“幼儿园男教师的专业发展及影响因素”展开论述。

第二部分：研究设计与研究过程。阐述对叙事研究方法的理解以及选择这一方法的操作要领，介绍研究实施的过程。

第三部分：叙述Z老师的专业成长故事，该部分又具体分为：①“准备与入职”，关注Z老师从学生、准教师到正式教师这三种角色的转变过程；②“适应与发展”，聚焦Z老师成长过程中难忘的事件；③“我的现状”，关注Z老师现在的职业生活状态。

第四部分：结论与建议。分析影响Z老师专业发展的因素，并提出促进幼儿园男教师专业发展的若干建议。

此外，在撰写报告的过程中研究者充分考虑伦理道德问题。报告中以大写字母Z表示这位老师及其所在的幼儿园，体现了研究的保密性。实地观察时，研究者尽量不打扰研究对象的正常工作；访谈时间地点及录音都由双方商定，征得对方同意。研究报告的撰写也充分听取Z老师及相关的主要的研究对象的意见和看法，获得对方的认可和同意。

第三节　叙事研究的注意事项及基本要求

一、叙事研究的注意事项

随着教育科研的深化，教育叙事研究越来越得到众多学者和教师的青睐。对于学者而言，叙事研究开启新的研究视角，丰富了理论钻研的内容和手段；对于教师而言，叙事研究源于教学生活实践，成为促进专业发展的一种新途径。为了正确地看待和运用这一新的研究方法，研究者还需要注意如下问题：

1. 善于发现事件

什么样的事件才能作为叙述的素材？这是许多研究者都关心的问题。许多幼儿教师认为，日常教学生活中发生的事情都太过平凡，索然无味，无法拥有深刻的感悟，无法作为研究的课题，好的叙事研究理应主题鲜明、情节曲折、发人深省。因此，他们认为只有典型的事件才有研究的价值。可以肯定的是，发现典型事件是确定研究问题的关键所在，能在一定程度保障研究的意义性和创新性。典型事件是指在教学情境中特征鲜明、具有代表性的教育事件。这类事件通常易于成为影响教师专业成长的重要事件。然而，研究者切忌过分强调典型性而忽略日常生活的普通事件，切忌过度追求研究的普适意义，而忽略研究的个人经验意义。叙事研究来源于日常教育生活实践。在看似平淡无奇的常规教学细节中隐藏许多潜在的典型事件，值得研究和反思。叙事研究的根本目的在于提高教学实践水平，促进教师的专业成长。判断一个教育事件是否能成为研究问题，并没有“非此即彼”的统一标准。尤其，不同的幼儿教师所面对的教育情境千差万别，需要解决的具体问题也不尽相同。教育教学生活中并非缺乏研究的素材，教师和研究者需要一双善于观察善于发现的眼睛。这双眼睛不仅指向重大事件，而且指向一般故事，不仅指向外界环境，而且指向自己的内在。二者相结合，才能发现有意义的事件，并实现研究的目的。

2. 充分还原本真

教育叙事研究涉及的故事应是实际教育生活中真实发生过的事件，强调研究者基于现实的教育事件进行符合实际的描述和分析。其中真实是指教育叙事者应回归教育生活，以真实的故事为基础，力图创设一种现场感，把真实的教育生活淋漓尽致地展现出来，还原教育生活的本来面目。

保证所叙述教育故事的真实性是遵循真实性原则的第一步。从事教育叙事研究切忌为了盲目追求典型性事件而人云亦云，凭空虚构故事情节。这样一来，研究者很难去深刻地反省和体悟非亲历的教育事件，从而失去研究的最终意义。

研究者在资料的收集和教育事件的阐述过程中，应杜绝主观偏见对教育事件或研究对象的影响，坚持价值中立的原则。这是获得研究对象配合的前提，也是尊重事实、尊重真实声音的体现。然而，对身为教师的研究者而言，这并非意味着他们应该回避叙事中的主观性的情感、态度和价值观。为了保持清醒的研究，教师抽离于事件本身有利于自我反思。但是教师需谨记自己的另一重要角色——提供原始故事的人。在讲述自己的故事时，教师的“在现场性”能够将故事本身连同自己的话语和感受一并呈现，保留故事中的“本土概念”，还原故事最真实的面貌。这种强烈的真实感和现场感也能感染到读者，将其带入故事中与叙事者一同感受和思索故事背后的深刻内涵。因此，教师在撰写叙事研究报告时，应重视和充分运用个性化的表达，以使故事更生动更独特。

3. 适度叙述事件

教育叙事研究包含对教育事件的描述和论述性分析。其中，描述是论述性分析的基础，直接影响研究的质量。作为研究者应注意把握好描述事件的力度，避免用力过轻或过重。用力过轻的描述往往停留在简单地交代故事梗概这一层面，情节简单，平铺直叙，不仅缺少对事件、人物和情境等深度地刻画，也忽视了故事的时空延展性。例如有些幼儿教师在讲述自己的教育故事时叙述表浅，往往忽略对自己或幼儿内心活动的揣测，缺少对师生互动的关注。而浓墨重彩的描述虽然注意事件本身的意义，却在叙述方式上走极端，从文学角度对故事的情节、人物的互动和内心体验加以仔细雕琢，失去行文所需的理性分寸。比如个别幼儿教师为了宣泄自我，选择以过分诗化的措辞表达自己初次遇见棘手事件时内心窘迫无助的心情；个别幼儿教师为了让读者完整地了解故事的始末，而赘述故事发生的前提，等等。

因此，从宏观上，研究者应准确无误地再现教育事件的原貌，完整地记录不同时空背景下事件的变化和发展，使读者对事件有一个整体性和动态性的把握，同时保留一定的模糊空间，促使事件背后的深刻涵义自然地显现。从微观上，研究者应深度描写外显的事件和人物互动情况，描写内隐的事件的因果、内心活动和关系演变的过程，尤其是要准确描述对叙事者产生重大影响的事件及其根源。

4. 恰当诠释事件

除了对事件本身的还原，研究者更要强调对故事的理性分析和解释，注重事物之间的线性因果关系。不可否认，解释是必不可少的，它能从理论视角恰如其分地向读者说明“为什么会这样”。但过分的解释常常会适得其反。因为它不仅狭隘地限定了事件背后的深意，使得研究失去生命力和开放性，而且易使读者在这种画蛇添足的说教和灌输的氛围中无法积极地参与思考，甚至产生反感。

其实，研究者选择从“理解”的立场阐述，便能妥当地解释事件，避免过度解释带来的负面影响。因为理解是基于同感而产生的，既能使读者明白事件内部的因果关系，也能催发读者感同身受事件的经历、认同事件的意义。为了使叙事研究看起来更具理解性，研究者要恰当诠释事件、人物及相互关系。诠释是对事物的用心感受、理解的一种方式。要使读者理解，研究者要先于读者真正地体会研究对象的经验、感受和态度。对此，在研究过程中，为了获得完整而真实的原始故事，研究者要能与研究对象建立起平等、信任的对话关系。在深度加工原始故事的基础上，形象生动地再现教育事件及其相应的情境，将读者引入其中，并结合教育学和心理学理论恰当解读事件，为读者深入理解事件意义搭桥铺路。抽丝剥茧到一定程度后，研究者还要舍得“适时留白”“保持沉默”，让读者遵循科学理性的思路，秉持富有人文情怀的立场，自己去体会蕴含在教育事件中的道理，去构建日常教育经验的意义。

5. 丰富叙事形式

从叙事形式来看，目前大多叙事研究者倾向于采用某种固定的模式：研究背景—研究过程与方法—结果与分析—结论。这一模式能起到规范行文的积极作用，以较为清晰的框架来充实叙事研究的主体内容，也能使读者初步掌握文章的基本结构。但是它并不适用于创造空间大、具有一定开放性的教育叙事研究。

由于叙事研究关注的是复杂多样的教育情境，叙事方式上又有他叙和自叙之分，固定的模式不能充分满足不同研究者的叙事需求。例如对幼儿教师而言，每一次的叙事研究都是其体悟自身专业成长的历程，叙事研究的意义本身就已融合于回顾、整理、分析和反思教育生活的过程。若一味苛求格式，要求教师必须将故事升华到教育理论境界或教育真理，等于是将标准模式扭曲为无形的紧箍咒，导致教师在为格式所累的过程中，磨灭了创造的灵感、热情和自由。

特别是，一线教师作为研究主体实施叙事研究的过程是一个体现创造性的过程，涉及梳理教育生活事件的内部关系，重组已有的第一手资料，形成新的叙述脉络并呈现给读者等一系列环节。叙事研究不应对教育叙事的格式有过多的约束与规定，而是应该鼓励灵活多样的叙事方式，以体现不同教育事件的特点和要求，解放研究者既有的思维定势，实现叙事研究领域的百花齐放，让研究者和读者真正去体味、反思每个独特的教育事件，享受叙事研究的无穷乐趣。

二、从事叙事研究的基本要求

高质量的教育叙事研究需要研究者具备较高的理论素养、敏锐的实践反思能力、抽象的逻辑分析能力和较好的文字驾驭能力等。这些较高的素质要求的达到是一个逐步积累的过程，是研究者不懈学习的结果。因此，针对于一线的幼儿教师以及叙事研究的初学者而言，想要开展有效的教育叙事研究，需要严格对自己提出如下要求：

1. 勤于学

养成读书思考的习惯是提高理论素养，开展教育叙事研究工作的基本前提。理论可以启迪人的思维和智慧，提升教师对纷繁复杂教育情境的判断力和洞察力，升华教师的教育理念，从而顺利推进叙事研究的问题选择、材料获取、重组抽象等一系列过程。所以说，掌握必要的理论知识，对开展叙事研究很有帮助。作为初学者可有选择性地研读关于叙事研究的基本原理的著作、文章以及研究报告，以此深化自身对叙事研究的认识。除此之外，一些相关的知识，例如学前教育学、儿童心理学和心理发展的主要理论也需要广泛涉猎。对于教育教学实践中遇到的问题能有针对性地查阅资料，与经验丰富的教师和学者交流切磋，从而在理论准备和前人指导下，确定是否有必要展开研究，以及如何展开研究。

2. 敏于事

敏锐地觉察感知教育情境和教育事件是提出研究问题的必要条件。研究者需要具备对教育事件敏锐的感知能力，能从教育事件中洞察关键的教育问题。然而，许多一线的幼儿教师常常面临无事可叙、有感无悟的困惑，总觉得身边遇到的事情都是不值一提的平凡小事，总担心自己所做的研究没有价值。其实，这是教师的功利心和麻木感在作祟。为此，教师及研究者应将急于求成的心态放平，重新审视叙事研究对自身专业发展和个人成长的意义。高压力和低创造性的教学工作会让教师对各种问题缺乏敏感性。因此，作为幼儿教师也需调整对幼儿教学的认识，适时地自我放松，从而保持教育研究的热情，处处留心留意身边的教育教学事件，使发现研究问题成为可能。

3. 善于思

勤于思考、善于反思是研究者进行叙事研究的根本要求。因为从发现研究问题，到确定问题是否具有可行性和价值性，再到资料的收集、整理和分析，直至最后的撰写论文，每一个步骤都需要深入仔细的思考。可以说，思考是叙事研究的灵魂。不论作为场外的研究者或是置身于现场的教师，都需要深刻地理解教育事件的意义，这就要求研究者勤于思考、善于思考。

4. 得于法

叙事方法得当是体现和实现研究意义的重要途径。教育叙事研究具有灵活性和丰富性的特点。它涉及的范围广泛、提炼的主题多样。开展叙事研究贵在体现现实针对性、发挥创造性。但是这并非意味叙事研究无章可循，它包含研究的基本要素。这些要素包括：有鲜明的主题或引人入胜的问题；有解决问题的技巧和方法；有解决问题的情境性、冲突性和过程性及师生变化的描述；有解决问题的过程及随后的反思；有理性获得的经验教训；有教育理论及思想的升华。其实，拆分出的这些要素正是叙事研究的实施程序和基本要求。每个程序环环相扣，遵循每个程序的操作要领，正是叙事研究“法”的体现。

思考题

1. 什么是教育叙事研究？教育叙事研究有什么特点？
2. 教育叙事研究要遵循哪些原则？
3. 如何实施教育叙事研究？
4. 开展教育叙事研究有哪些基本要求？
5. 结合您的幼儿教育教学实践，就某一教育事件进行叙事研究，并撰写一篇教育叙事研究小论文。

第十章　论文撰写

教学目标

1. 分析撰写科研论文的重要意义；
2. 了解科研论文的主要类型；
3. 掌握科研论文的格式规范和写作的基本要求。

在运用一定的方法搜集资料并对其进行整理与分析之后的工作就是撰写科研论文，将研究的成果表述出来。科研论文的撰写，是幼儿教育科学研究的最后一个步骤，也是研究成果加以推广、交流并在实践中加以应用的基础，是幼儿教育科学研究不可或缺的重要环节。

第一节　撰写论文的意义

论文也称科研论文，是科研人员创造性研究成果的文字记载。它通过明确、具体而又简洁的书面的表达形式，反映了研究者所从事的研究课题、已做的研究工作和研究过程中所采取的研究方法和手段，以及通过科学的分析所得出的结论。教育科研论文是个很宽广的概念，所涉及的内容纷繁复杂，其表现形式也是多种多样的。一般地，教育科研论文分为两类：报告式论文和理论性论文。研究者在研究中采用研究方法的类型确定了，论文的类型也就确定了。采用教育调查研究、教育实验研究等实证的研究方法产生的研究成果是报告式的论文；采用分析、综合、归纳、演绎等思辨性的研究方法产生的研究成果是理论性的论文。一项课题研究采用的方法既可能涉及调查、叙事等实证的方法，又可能采用演绎、推导等思辨的方法，因此，写就的论文往往是综合类的，也就是说，一篇论文中通常既有报告式论文的结构，又符合理论性论文的规范。

研究者撰写科研论文是为了科学地总结自己所进行的研究工作，反映研究成果，向幼儿教育界和社会提供幼儿教育科学研究的信息，以丰富幼儿教育理论和推动幼儿教育实际工作。可以说，科研论文写得如何，直接关系幼儿教育科学研究成果质量的高低，而评判质量高低的重要标准就是看其是否具有学术价值和社会价值。所谓学术价值是指研究成果为幼儿教育科学的某一领域提供了新的知识，丰富了所涉及领域的理论，为新的研究过程提供了新的材料、新的观点。所谓社会价值是指科研论文为幼儿教育工作提供了某个教育问题的真实情况和解决这个问题的对策，使幼儿教育工作可以根据科研论文提出的对策进行变革和改进。

撰写科研论文是整个幼儿教育科学研究过程的最后一个环节，其重要意义具体表现在以下几方面：

一、对研究者学术水平、专业水平的一种肯定

完成一项幼儿教育科学研究课题，推出一项幼儿教育科学研究成果，不是一项简单的工作，而是需要经过周密的计划、反复的实践、科学的分析，才能完成的一项复杂的工作。因

此，完成一项科研工作，研究者要付出艰苦复杂的劳动。撰写科研论文是集中体现这种复杂劳动的一种形式。另外，撰写科研论文的过程也是一个科学抽象的思维加工过程，它作为对整个幼儿教育科学研究工作的系统总结，是对研究结果进行思维加工、深入研究的过程，是一个再分析、再创造的过程。

可见，科研论文作为研究工作的总结，是研究者辛勤劳动的结晶，是研究者革新意识和创造能力的体现，是衡量研究者学术水平和专业水平高低的重要标志。

二、提高幼儿教育工作者理论素养和业务素质的一种有效途径

幼儿教育工作者作为研究人员撰写科研论文能够为进一步发展自己的专业提供机会。研究者在撰写文章的过程中，必然要通过调研、实验、查阅文献等搜集资料，寻找充足的、能证明论点的论据，把某些经验事实上升到理论的高度加以认识，这本身就是加强学习，提高自身专业理论素养的过程。同时，撰写科研论文还有助于提高研究者自身的研究能力和写作水平。

三、进行学术交流，建立幼儿教育理论体系，推广先进经验的重要形式

幼儿教育科研人员撰写科研论文主要的目的和任务有三：一是为了科学积累，丰富幼儿教育科学理论宝库；二是为了学术交流，提供幼儿教育科研信息，推动幼儿教育科研工作；三是把科研成果用于实践，指导实际工作以促进幼儿教育事业的改革和发展。因此幼儿教育工作者结合自己的工作实际，开展一些教育教学研究，辛勤笔耕，撰写论文，是对幼儿教育事业发展的一种贡献。

四、研究者的业务考核和提升晋级的重要依据之一

随着社会的进步、科技的发展，幼儿教育工作对幼儿教育理论工作者和实际工作者的要求越来越高。教育工作业绩如何，不仅仅考查工作者的学历、工作态度和经验，研究成果即科研论文也是考评的重要指标。撰写科研论文，也对研究者的业务考核、提升晋级以及自身其他方面的发展大有益处。

第二节　报告式论文的撰写

报告式论文是对幼儿教育研究过程和研究成果的概括和总结，是以事实和数据为主来解释问题，论证论点的论文。这类论文有比较固定的格式，它要求其方法运用和资料搜集的过程必须描述得具体清楚，客观地呈现研究过程，合理地解释研究结果。它通常包括调查报告、实验报告、经验总结报告、行动研究报告和个案研究报告等。

调查报告是记载科研人员调查过程和调查结果的一种文体，写清课题研究的目的及运用方法，有明确的结论并提出可行性的建议是调查报告写作的基本要求。调查报告通常由三个部分组成：目的与方法、结果分析、结论建议。

实验报告是实验人员记载幼儿教育实验过程和实验结果的一种文体。一般地说，写清实验的目的与方法，叙述实验的操作过程，并对实验结果进行分析是实验报告写作的基本要

求。实验报告通常由三个部分组成：前言、实验过程和结果、讨论和结论。

经验总结报告是对先进的教育教学经验进行分析整理而形成的文字资料。揭示教育事实与措施之间的因果关系是经验总结报告写作的最基本要求。经验总结报告通常由三个部分组成：情况概述、经验措施、存在问题和今后改进意见。

行动研究报告是研究人员记载行动研究过程和结果的一种文体。行动研究报告的基本要求是叙述行动研究方案，阐明所采用的搜集资料的具体方法以及基于事实资料分析导出的结论。行动研究报告通常由三个部分组成：现象与分析、对策与行动、效果与反思。

个案研究报告是记载个案研究成果的一种文体。个案研究报告要求写清个案的基本情况，个案分析以及个案指导方案与指导结果。个案研究报告通常由五个部分组成：个案基本情况和问题行为综述、资料搜集、个案分析、个案指导、结论。

尽管每一种具体类型的报告式论文的写作格式各具特点，有所侧重，但它们作为与理论性论文相对应的研究成果，与理论性论文比较而言，体现共性的有两个方面的显著特点：第一，都以研究中所获得的第一手事实资料为基础，事实资料是报告的主要内容；第二，报告必须详细说明研究方法和研究操作过程。报告式论文上述的两个特点在报告式论文的正文部分得以体现。报告式论文正文部分一般有四个基本版块：前言、方法、结果、讨论。

一、前言

前言主要介绍研究什么问题，向读者提供有关课题研究的背景信息，使读者能理解和评价研究的意义和价值。一个良好的前言要涉及三方面的内容：第一，问题的陈述。研究者必须给出一个清楚的和明确的问题陈述，说明研究问题的由来，介绍问题的理论背景，经验背景，使读者一看正文就能了解该论文的主旨和要义。问题的陈述最好涉及研究的主要变量，用一两句话开门见山地把问题提出来，如“本研究的目的是检验……之间的关系”，或“目前要探讨的问题是……”。第二，文献综述。文献综述是与这个题目有关的以往文献的回顾。文献综述可以是有关研究工作近期的进展描述，也可以是国内外刊物发表的研究成果的简介。文献综述一般要注释说明文献的来源出处，以体现论文的真实性和严谨性。当然，在介绍背景或相关的研究时，应尽量将其与自己的研究主题和内容结合起来，说明研究的思路和侧重点。第三，变量的操作性定义。前言应清楚地阐述假设所依据的原理，定义研究对象和相关的变量，对重要的名词术语提供操作性定义。界定研究的主要变量，可以使读者正确地理解变量的涵义与意义，避免产生歧义。

前言除了上述三方面的内容外，还可包含研究目的意义、假设的陈述两方面的内容。研究目的和假设是一个问题的两个方面，一般是先有目的，后有假设，但有时也可以先提出假设后阐述目的，因为在幼儿教育科学研究中有些问题是早有了假设，只是后人通过研究来验证假设而已。研究的目的是对研究重要性的描述，即说明这项研究的价值有多大。研究的价值不外乎体现在两个方面，一是研究能解决实际的教育问题，二是研究能建构或检验理论。研究的假设是研究论据要证明的核心论点，它可以使研究的主题清晰、明了。

前言部分的这几个方面的内容不是每份研究报告都要有，只是提供如何撰写前言的大致思路，并非绝对要求。一般来说，前言部分文字不宜多，篇幅控制在全文的五分之一以内。

二、方法

这一部分主要是介绍研究所采用的方法及过程，描述研究者在研究中的作为，目的是提供足够的研究细节，以便读者能够借鉴，评估课题研究过程的规范性、严谨性和科学性。方法的介绍主要包括研究对象的取样、研究过程的实施与控制、研究资料的收集和处理方法、研究所采用的设备等。如果这一部分的内容较多，或者附有提纲、问卷、设计图纸、量表、测验题目等，可以以附录的形式附在论文后面。

1. 研究对象

研究对象也称研究样本。这一部分需要介绍研究样本的构成、范围、特点和代表性，并详细描述样本抽选的过程与具体的取样方法。

2. 研究程序

研究程序着重描述研究实际展开的过程。研究程序通常包括实施步骤、具体次序，以及如何操纵自变量、测定因变量、控制无关变量等。尤其是，研究中所使用的工具材料，如实验的仪器设备、观察记录的工具、问卷、调查表等要加以详细的介绍与说明。

3. 数据处理方法

实证性研究通常涉及数据处理的方法。该部分内容详见本书其他章节的相关内容。方法部分的文字描述要客观、正确、具体，避免使用抽象笼统的词语。方法部分的重要意义在于为读者提供研究的设计与操作的具体信息，能使他人理解或重复该项研究，能够鉴别研究设计与操作的合理程度以及结论的可信度。

三、结果

结果部分是呈现统计的数据和对事实资料分析导出的理论和见解。研究中所有的相关发现（包括那些对假设不支持的发现）在这一部分都被呈现出来。结果部分是研究报告的核心所在。

结果的表达形式主要是叙述性的文字，以及辅助或补充文字叙述的图和表格。图和表格是用形象化的图形、表格呈现和描述研究所获得的数据资料或事实资料。图和表格呈现时必须有标题说明，图的标题置下，表格的标题置上。一般地说，叙述性的文字篇幅应大于图、表格所占的篇幅。

四、讨论

讨论可对研究结果进行多方面的评述，是研究者从事实出发，结合自己的经验，对研究结果的有关问题进行分析的过程。讨论是作者主观的认识，不是客观事实，不同的人对同一研究结果可以有不同的看法。由于研究目的、内容的不同，讨论可从不同的角度展开，可以对课题有关的内容都提出讨论。

一般来说，讨论要考虑与前言的联系。讨论通常要指出研究结果是否支持前言论及的假设并具体阐述支持或否定假设的理由，指出该领域当前研究的不足或指出本次研究的局限性，指出研究中尚未解决的问题，并为以后的研究提出一些建议。通过讨论可使读者从研究结果的启示中鉴别结果的价值。

此外，有的报告式论文在正文的最后部分，还对结果在讨论基础上有所总结，提出相应的结论。结论是正文论证的逻辑发展的直接产物，是全篇论文的归宿。

当然，报告式论文中同样少不了标题、摘要、关键词、引文注释或参考文献，这些内容整合在下一节一并阐述。

第三节　理论性论文的撰写

科研论文除了报告式论文之外，还包括以基础问题为研究对象，揭示教育规律的理论性论文。理论性论文在幼儿教育研究成果中占有比较大的比重，它主要采用思辨性的研究方法研究教育规律，在占有丰富的文献资料、现实资料的基础上对教育中的某个问题进行科学的探索，通过分析综合、推理论证，进而提出新理论、新观点而写成的以论述为主的文章。

理论性论文的重要特点是学术性，具体表现在三个方面：逻辑性、创新性和理论性。逻辑性是指文章的全部观点和材料都遵循一定的逻辑顺序有机地组织在一起，论点支持论据，论述有先后，层层深入地剖析现象，阐述观点，体现出文章雄辩的说服力；创新性是指研究者的研究内容在理论上有所发展，或是在前人研究的基础上有所提高和突破。而且，研究者看问题的角度往往新颖，有创意，在一定的实践基础上通过思辨发现新理论，解决新问题，开拓未知领域；理论性是指论文是建立在理论基础之上，是以教育的基本理论为指导的。它通常是用一个理论推论或产生新的理论，这些新理论又可能成为后续研究的理论基础。

一篇严谨的、完整的理论性论文按顺序通常包括：标题、作者署名、摘要、关键词、本论、参考文献或引文注释。

一、题名

题名是文章内容的高度概括，是论文的中心论点。它作为论文的眼睛，给读者以深刻的第一印象。题名拟定一般要注意以下几点：

（1）醒目，有创意，使人一看有新鲜感，要让读者一读题目就产生急于看其内容的愿望。

（2）要达意，即能准确地表述论文的核心论点或中心内容或课题含义。标题不能过大、过泛、过虚，要做到题文贴切，题要贴文，文要贴题。

（3）要简明，即题目表述要简洁明了。根据经验，一般标题的字数不要超过20个。

（4）别人已用过的题目，一般不宜采用，如果受到别人所用题目的启发，对同一问题有新的看法而需要再用的话，可加上“也谈”“再论”之类的字样。

（5）有的论文为了引申主题，或对某一事实必须在标题中加以说明，或兼议与论文中心内容有关的问题，还可以在标题后面再增添一个副标题。副标题是对正标题的补充。副标题通常用于以下三种情况：

①引申主题。如“蜡炬成灰泪始干——也谈幼儿教师的奉献精神”。

②限定。它又包括两个方面：

搜集资料范围的限定：如“幼儿园组织文化建设探究——以S幼儿园为例”。

论证角度的限定：如“也谈家园合作——基于家长的视角”。

③兼议兼论。如“陶行知生活教育理论评析——兼议杜威‘生活教育论’”。

（6）题名符号的使用。题名可使用的符号：书名号可以使用，如对一本幼儿教育名著的评介，名著要加书名号；引号可以使用，如用一句至理名言作为主标题，至理名言要加引号；破折号可以使用，如上述副标题前加破折号；冒号可以使用，如“叙事研究：幼儿教育性质研究的有效方法”。题名一般不可使用的符号：题名后不用句号、感叹号、问号；由两个分句构成一个题名，分句之间空一格，不用逗号隔开。

二、著者

著者一般用真实姓名，并在姓名前或姓名下标出作者的工作单位。署名写在标题下方，占一行，与标题对应而居中。署真实姓名和单位，一方面是为了表示负责，一方面是为了便于读者与作者的联系和交流。有时论文是集体成果，可署集体名称或课题组名称。通常要在标题后或所署名称后面打个“*”号，或在该页末尾画一横线作注释，说明课题名称或课题组成员，注明谁是执笔者，以及对课题研究作出贡献（包括提供资料、设备、研究经费、赞助等）的人或单位致谢。署名的顺序按对课题研究的贡献从大到小的顺序排列。

三、摘要

摘要即内容摘要，是用简洁的表达形式提取论文的主要内容与论点，是论文的浓缩、梗概，一般写200～300个字。摘要不要写成研究该问题的目的、意义，或课题研究背景的详细说明。这些内容可以用一两句简洁的语句高度概括即可。摘要应避免使用主观评价的词语，如“论文系统、深刻、全面地阐述了……”“提出的观点对中国幼儿教育改革与发展有重大的现实指导意义”等。一个良好的摘要将增加文章的可读性，因为许多人的阅读习惯是从浏览摘要开始的。为了便于交流，一些学术性比较强的杂志还要求有中、英文两种文字的内容摘要。

四、关键词

关键词又称主题词，是对论文所研究的范围、内容和方向做出的标识，是反映论文主要内容与论点的重要的、核心的、关键的词汇。关键词为专业术语，一般一篇论文的关键词以3～8个为宜，关键词之间用分号隔开，最后一个关键词不用符号。关键词的重要作用在于便于读者一看文章就能了解论文的主要内容和主攻方向，也便于文献检索系统进行主题分类和索引。

五、本论

本论即论文的正文，它是论文的主体，是作者表达研究成果的核心部分，在整篇论文中占有极其重要的地位。正文所占的篇幅一般应不少于全文的三分之二。

本论包括论点、论据、论证三方面。正文表述中，研究者要力求做到论点正确、鲜明；论据翔实、可靠；论证准确、有力，做到言之有理，层次清晰，逻辑性强。

一般而言，在本论部分，先有一段前言，接着分成若干板块分点阐述。每一个板块有一个区别于论文标题的高度概括的子标题，子标题下还可以有更小的标题。这些标题都叫正文标题。正文标题前要用序号，标题序号可按四级小标题的格式写，即一、（一）、1、(1)。通常情况下，一级、二级标题另起段，正文另起段；三级、四级小标题另起段，正文可另起段也可接排；正文内若还有序号，用①、②。

六、引文注释或参考文献

研究者的研究总是在前人或他人研究的基础上进行的，引用、参考他人的材料、观点作为论证论点的论据是很正常的，但对引用或参考要有负责的态度，即要给出引文注释或列出主要参考文献。

引文注释必须是正文中直接引用的，且在正文中用上角标注参考文献批示序号①、②……或方括号［1］、［2］……与文末的引注号①、②或方括号［1］、［2］……相对应。参考文献可以用［1］、［2］……也可以直接用阿拉伯数字1、2……标明引文注释或列出参考文献的顺序是：作者姓名、书名或文章名、文献标识、出版社或刊物名称、著作或刊物出版的时间、页数。有时，参考文献引列，以及出自期刊文章的引注也可以不要求标出具体页码。列举如下：

［1］王坚红．学前儿童发展与教育科学研究方法［M］．北京：人民教育出版社，1991.

［2］刘宝根．瑞吉欧教育超越了什么［J］．学前教育研究，2011（4）．

［3］谢希德．创造学习的新思路［N］．人民日报，1998-12-25（10）．

现今，引文或列出的参考文献要求要有类型标识。根据GB/7714-2005规定，以单字母方式标识以下各种参考文献类型：见表10-3-1、表10-3-2。

表10-3-1　参考文献类型标识

参考文献类型	普通图书	会议录	汇编	报纸	期刊	学位论文	报告	标准	专利
文献类型标识	M	C	G	N	J	D	R	S	P

此外，对于专著、论文集中析出的文献，其文献类型标识用“A”，对于其他未能说明的文献类型，用单字母“Z”。

表10-3-2　电子文献类型标识

电子参考文献类型	数据库	计算机程序	电子公告
电子文献类型标识	DB	CP	EB

思考题

1. 什么是科研论文？撰写科研论文意义何在？

2. 报告式论文与理论性论文的主要区别是什么？

3. 进行一项幼儿教育实证研究，并撰写相应的实证研究报告。

主要参考文献

[1] 王坚红．学前儿童发展与教育科学研究方法［M］．北京：人民教育出版社，1991.

[2] 杨世诚．学前教育科研方法［M］．北京：科学出版社，2007.

[3] 张燕，邢利娅．学前教育科学研究方法［M］．北京：北京师范大学出版社，2005.

[4] 霍力岩，姜珊珊，李敏谊等．学期教育研究方法［M］．北京：高等教育出版社，2011.

[5] 陈伙平．教育科学研究方法［M］．福州：福建教育出版社，2008.

[6] 陈伙平．教育科学研究方法与原理［M］．福州：福建科学技术出版社，2005.

[7] 陈向明．质的研究方法与社会科学研究［M］．北京：教育科学出版社，2000.

[8] 林锦秀，陈伙平．教育科学研究方法导论［M］．福州：福建科学技术出版社，2009.

[9] 裴娣娜．教育科学研究方法［M］．沈阳：辽宁大学出版社，2001.

[10] 裴娣娜．教育研究方法导论［M］．合肥：安徽教育出版社，1995.

[11] 林焕章，林惠生．教育科研操作指南［M］．北京：国际文化出版公司，2000.

[12] 厦门市第一幼儿园．跳出传统思维的教研［M］．福州：福建人民出版社，2010.

[13] 杨爱华．学前教育科学研究［M］．南京：南京师范大学出版社，2001.

[14] 李秉德．教育科学研究方法［M］．北京：人民教育出版社，1986.

[15] 杨丽珠．教育科学研究方法［M］．大连：辽宁师范大学出版社，1995.

[16] 杨小微．教育研究的原理与方法［M］．上海：华东师范大学出版社，2002.

[17] 刘志军．教育研究方法基础［M］．北京：人民教育出版社，2006.

[18] 刘晶波．学前教育研究方法［M］．北京：人民教育出版社，2006.

[19] 胡东芳．教育研究方法：哲理故事与研究智慧［M］．上海：华东师范大学出版社，2009.

[20] 刘电芝．现代学前教育研究方法［M］．重庆：西南师范大学出版社，1999.

[21] 陶保平．学前教育研究方法［M］．上海：华东师范大学出版社，2006.

[22] 杨章宏．教育实验研究［M］．杭州：浙江教育出版社，1998.

[23] 赵大悌，赵小刚．教育科研能力的培养与提高［M］．北京：中国和平出版社，2000.

[24] 风笑天．社会学研究方法［M］．北京：中国人民大学出版社，2001.

[25] 刘万海．教师叙事研究的误区分析［J］．教师发展研究，2010（12）：77.

[26] 申毅，王纬虹．学前教育叙事研究中的常见问题与对策［J］．山东教育，2007（9）：4-6.

[27] 刘良华．教育叙事研究：是什么与怎么做［J］．教育研究，2007（7）：86.

[28] 王会亭．近十年来我国教育叙事研究：回顾与反思［J］．河北师范大学学报（教育科学版），2011（12）：61-65.

[29] 韦民．教师如何运用实验法进行教育科学研究［J］．江西教育科研，2002（12）：31-33.

[30] 邹霞．谈教育研究中的实验研究与准实验研究——回复袁磊博士的《也谈实验研究方

法在教育研究中的应用》[J]．现代远距离教育，2007（4）：16-17.
[31] 许淑芳．教育实验应走向师生的生活世界 [J]．文教资料，2008（14）：95-96.
[32] 刘宣．幼儿园男教师专业发展个案的叙事研究 [D]．上海：华东师范大学，2005.